WORKBOOK

대학생활과 진로설계

대학생활과 진로설계 WORKBOOK

초판1쇄 발행 | 2019년 2월 15일
초판2쇄 발행 | 2020년 2월 12일

지은이 | 대학생활과 진로설계 교재편찬위원회 편
펴낸이 | 신일희
펴낸곳 | 계명대학교출판부
등　록 | 1970년 9월 1일 (신고번호 제347-1998-1호)
주　소 | 42601 대구광역시 달서구 달구벌대로 1095
전　화 | 053-580-6233 팩 스 | 053-580-6235

ISBN 979-11-89468-67-5　03370
값 8,000원

이 도서의 국립중앙도서관 출판예정도서목록(CIP)은 서지정보유통지원시스템 홈페이지(http://seoji.nl.go.kr)와 국가자료공동목록시스템(http://www.nl.go.kr/kolisnet)에서 이용하실 수 있습니다.(CIP제어번호: CIP2019002944)

WORKBOOK

대학생활과 진로설계

대학생활과 진로설계
교재편찬위원회 지음

계명대학교 출판부

서언

힘든 역경이 발생하면, 그 속에서 사람들은 힘든 경험을 하게 됩니다. 그런데 그런 힘든 사건을 극복해 나가는 과정은 개인마다 차이가 있습니다. 대다수의 사람들은 힘들어도 잘 극복해서 다시 이전처럼 정상적인 생활을 해 나갈 수 있습니다. 그리고 일부는 정상적인 생활을 회복할 뿐만 아니라 오히려 더 강해지고 더 성숙한 사람으로 성장해 나갑니다. 이들에게 힘든 역경은 연단과 학습, 그리고 발전의 기회가 됩니다. 그런데 또 다른 일부 사람들은 힘든 역경 이후에 정상을 회복하지 못하고 부적응을 경험하기도 합니다. 그들은 역경 속에서 고통을 경험하면서 깊은 상처를 입습니다. 그리고 이 상처는 아물지 않은 상태로 오랫동안 지속되면서 적응이나 성장을 가로막게 됩니다.

역경을 극복하여 적응이나 성장을 하는 것과 관련된 주요 요인은 대처행동과 대처행동 능력, 그리고 지지체계입니다. 즉 적응과 성장을 해 나가는 사람들은 적응과 성장에 도움되는 대처행동을 하고, 그런 대처행동을 할 수 있는 능력이 있습니다. 그리고 이들을 적응과 성장해 나갈 수 있도록 도와주는 지지체계가 있습니다. 반대로 역경을 극복하지 못하는 사람들은 적응과 성장에 도움되는 대처행동과 대처행동 능력이 부족합니다. 그리고 이들을 도와주는 지지체계도 부족합니다.

삶에서 역경은 다양한 형태로 주어집니다. 그런 수많은 형태의 역경들 중 하나는 생활환경의 변화입니다. 생활지도 및 상담과 관련된 실태조사들을 살펴보면, 입학 초기, 그리고 학년이나 학기 초기에 상담 요구가 증가하고, 실제 상담을 받는 학생의 수도 증가하는 경향이 있습니다. 이 시기에 상담 요구나 상담을 받는 학생의 수가 증가한다는 것은, 이 시기에는 이런 현상을 나타나게 하는 무엇인가 있다는 것을 시사하는데, 그 중 하나가 바로 생활환경의 변화입니다. 즉 새로운 생활환경에 적응이 요구되고, 이 과정에서 부적응 문제들도 증가하고, 이로 인해 상담도 증가하게 되는 것입니다. 대학생들도 마찬가지입니다. 대학 신입생들은 대학이라는 낯선 생활환경에 적응을 해 나가야 합니다. 또 학년이 올라가거나 학기가 바뀌면 초기에 주어진 새로운 환경조건에 적응을 해 나가야 합니다. 이 과정에서 신체적 심리적 그리고 사회적으로 많은 부적응 문제들이 발생할 수 있습니다. 그리고 이 시기에 어떤 대처행동을 하고, 어떤 대처행동 능력을 가지고 있으며, 어떤 지지체계를 가지고 있는가에 따라 부적응, 그리고 적응이나 성장이 결정될 수 있습니다.

본 교재의 내용은 '대학생활 적응과 성장', 그리고 '진로 의사결정'의 두 가지 내용을 중심으로 구성하였습니다. 기본적으로 15주 수업을 중심으로 내용을 구성하였는데, 대학이나 학과의 여건에 따라 수업내용이 달라질 수 있다는 점을 고려하여, 수요가 많을 것으로 예상되는 다섯 개의 주제를 추가하였고, 결국 총 20개의 장으로 내용을 구성하였습니다.

본 교재의 원고는 고기홍 교수가 '제1장 오리엔테이션, 제16장 스트레스, 제18장 대학 동아리, 제19장 대학생활과 가치, 제20장 평가 및 마무리'를 담당하였습니다. 그리고 조명실 교수가 '제2장 자기소개, 제3장 학과소개, 제4장 선배 초청특강, 제5장 K-STAR와 e-러닝포트폴리오, 제17장 학업관리'를 담당하였습니다. 그리고 손은정 교수가 '제6장 진로 심리검사, 제7장 동산도서관 이용, 제9장 유익한 대학생활 가이드, 제10장 생애 진로 로드맵, 제15장 행복한 대학생활'을 담당하였습니다. 그리고 정헌희 교수가 '제8장 인간관계, 제11장 공동체 예절, 제12장 직업세계 이해와 미래 전망, 제13장 나의 비전과 목표, 제14장 나의 진로계획'을 담당하였습니다.

본 교재를 발간하기까지 학장님과 행정실 팀상님, 그리고 담당 실무자님들의 적극적인 지원과 배려가 있었습니다. 많은 분들께 진심으로 감사의 마음을 전합니다. 이 교재가 담당교수님들이 수업을 진행해 나가는데, 그리고 학생들의 적응과 성장을 조력해 나가는데 도움이 되기를 기대합니다. 더 나아가 미래사회를 이끌어갈 인재를 육성해 나가는데 기여할 수 있기를 기대합니다.

교재편찬위원회

차례

제1장

오리엔테이션

- 대학생활과 진로설계 강의일정 및 내용
- 대학생활과 진로설계 교과목 안내
- 지도교수 상담 확인증

학습 목표

1. 교과목 학습 필요성과 목표를 기술할 수 있다.
2. 교과목 주차별 강의내용을 기술할 수 있다.
3. 교과목 평가기준과 수강 시 지켜야할 사항을 기술할 수 있다.

진행 순서

1. 도입 활동

1-1. 담당교수를 소개한다.

1-2. 단위회기 활동목표, 진행과정을 안내한다.

2. 본 활동

2-1. 대학생활과 진로설계 교과 필요성을 설명한다.

2-2. 대학생활과 진로설계 오리엔테이션을 한다.

3. 마무리 활동

3-1. 단위회기 진행과정을 요약한다.

3-2. 단위회기 진행과정에 대한 질의응답을 한다.

3-3. 지도교수 상담에 대한 과제를 제시한다.

3-4. 다음회기 주제를 안내한다. 그리고 종료한다.

학습 자료

자료1-1. 대학생활과 진로설계 강의일정 및 내용

자료1-2. 대학생활과 진로설계 교과목 안내

자료1-3. 지도교수 상담 확인증

대학생활과 진로설계 강의일정 및 내용

구분	강의 제목	주요 내용
1장	오리엔테이션	대학생활과 진로설계 필요성, 강의계획 안내
2장	자기소개	자기소개 활동
3장	학과소개	학과 현황에 대한 전반적 소개
4장	선배 초청특강	선배가 들려주는 대학 및 학과생활 이야기
5장	K-STAR와 e-러닝포트폴리오	COMpass K, K-STAR, e-러닝포트폴리오
6장	진로 심리검사	학생상담센터 진로 심리검사
7장	동산도서관 이용	동산도서관과 이용 교육
8장	인간관계	대학생활과 인간관계
9장	유익한 대학생활 가이드	유익한 대학생활, 자기관리
10장	생애 진로 로드맵	전공과 진로, 커리어 로드맵, 버킷리스트
11장	공동체 예절	공동체 가치, 생활예절 필요성, 에티켓
12장	직업세계 이해와 미래 전망	직종과 직무, 고용 및 취업 실태, 직업세계 미래 전망
13장	나의 비전과 목표	진로비전, 진로목표 설정
14장	나의 진로계획	나의 진로계획 수립
15장	행복한 대학생활	대학생활과 행복, 행복한 행동
16장	스트레스	대학생 스트레스, 스트레스 관리
17장	학업관리	대학생활과 학업, 학업 및 공부관리
18장	대학 동아리	대학 동아리, 동아리 활동
19장	대학생활과 가치	대학생활과 가치, 가치갈등과 정립
20장	평가 및 마무리	평가 및 소감 나누기, 수업 마무리

자료 1-1

대학생활과 진로설계
교과목 안내

❶ 필요성

대학 신입생들은 대학생활 적응, 그리고 진로 및 취업준비와 관련된 어려움들을 겪고 있다. 본 교과목은 대학 신입생들의 대학생활 설계, 그리고 진로설계 및 준비에 도움을 주기 위해 개설되었다. 본 교과목 수강을 통해 유익한 대학생활을 설계하고, 합리적 진로 의사결정과 준비의 기회로 활용할 수 있기를 기대한다.

❷ 목표

본 교과목의 교육목표는 '학생들의 인성을 함양하고, 유익한 대학생활과 합리적인 진로설계를 조력하는 것'이다. 이를 위한 세부목표는 아래와 같다.

첫째, '학교시설, 그리고 학생서비스 내용과 이용방법에 대한 지식, 능력, 행동'을 형성한다. 구체적으로 '홈페이지, 도서관, 교수학습센터, 학생상담센터, 취업지원시스템 등'의 학생서비스 내용과 이용방법을 기술할 수 있다.

둘째, '생활예절에 대한 지식, 능력, 행동'을 형성한다. 구체적으로 '대학생활 예절'을 정의, 변별, 예시할 수 있다.

셋째, '진로행동에 대한 지식'을 형성한다. 구체적으로 '자신의 진로행동'을 설명할 수 있다.

넷째, '직업세계에 대한 지식'을 형성한다. 구체적으로 희망직업과 관련된 '직종과 직무, 취업 및 고용 실태, 2030년 미래 전망'을 기술할 수 있다.

다섯째, '합리적 진로 의사결정'을 한다. 구체적으로 진로 및 취업과 관련된 '비전, 목표, 계획'을 수립한다.

❸ 방식

본 교과목의 수업은 '강의, 주제토론, 실습, 과제학습 방식'으로 진행한다.

④ 교재

본 교과목의 교재는 아래와 같다.

대학생활과 진로설계 교재 편찬위원회(2019). 대학생활과 진로설계 Workbook. 계명대학교 출판부.

⑤ 평가

본 교과목의 학습평가 항목과 비중은 다음과 같다.

① 출석 20% (1시간 결석하면 2점을 감점한다. 지각, 조퇴, 이탈은 2회당 2점, 1회당 1점을 감점한다.)
② 실습 30% (실습활동에 대해 '수량과 충실정도'로 평가한다.)
③ 과제 20% ('지도교수님과 상담하기'과제에 대해 '수량과 충실정도'로 평가한다.)
④ 기말평가 30% ('나의 수강평가 질문지' 응답 및 발표내용으로 평가한다.)

⑥ 내용

주차	내용	비고
1장	오리엔테이션	
2장	자기소개	
3장	학과소개	
4장	선배 초청특강	
5장	K-STAR와 e-러닝포트폴리오	
6장	진로 심리검사	
7장	동산도서관 이용	
8장	인간관계	
9장	유익한 대학생활 가이드	
10장	생애 진로 로드맵	
11장	공동체 예절	
12장	직업세계 이해와 미래 전망	
13장	나의 비전과 목표	
14장	나의 진로계획	
15장	행복한 대학생활	
16장	스트레스	
17장	학업관리	
18장	대학 동아리	
19장	대학생활과 가치	
20장	평가 및 마무리	

지도교수 상담 확인증

다음과 같은 절차로 지도교수와 상담을 실시해 주십시오.

1. 지도교수님께 상담신청을 한 후, 상담을 받으십시오.
2. 상담을 받은 후, 아래의 확인증을 작성한 후, 교수님의 서명을 받아서, 과제방에 제출을 해 주십시오 (확인증은 사진을 찍거나 캡처하여 이미지 파일을 만든 후 과제방에 제출하면 됩니다)

지도교수 상담 확인증					
성명		학번		학과	
상담주제					
교수확인	상담일시 : 20 년 월 일 상담장소 : ____________________ 지도교수 : ______________ 학과 ______________ (서명)				

제2장

자기소개

- 자기소개 개념정의
- 자기소개 영상
- 자기에 대해 알리고 싶은 항목
- 자기소개 활동지
- 미완성 문장으로 자기소개하기

학습 목표	1. 자기를 멋있게 소개할 수 있다. 2. 다른 학생들의 자기소개 내용을 기술할 수 있다. 3. 함께 수업을 듣는 학생들과 친밀감을 형성할 수 있다. 4. 자기소개 원리와 방법을 기술할 수 있다.
진행 순서	**1. 도입 활동** 1–1. 단위회기 활동목표, 진행과정을 안내한다. 1–2. 자기소개의 개념을 설명한다. 1–3. 자기소개 관련 영상을 보여준다. 1–4. 자기소개의 중요성을 설명한다. **2. 본 활동** 2–1. 자기소개 활동지를 작성하게 한다. 2–2. 1분 스피치로 자기소개를 하게 한다. 2–3. 자기소개 원리와 방법을 설명한다. **3. 마무리 활동** 3–1. 단위회기 진행과정을 요약한다. 3–2. 단위회기 진행과정에 대한 질의응답을 한다. 3–3. 다음회기 주제를 안내한다. 그리고 종료한다.
학습 자료	자료2–1. 자기소개 개념정의 자료2–2. 자기소개 영상 자료2–3. 자기에 대해 알리고 싶은 항목 자료2–4. 자기소개 활동지 자료2–5. 미완성 문장으로 자기소개하기

자기소개의 **개념정의**

?

자기소개(自己紹介)란 무엇인가?

자기소개의 정의

1. 처음 만난 사람에게 자기의 이름, 경력, 직업 따위를 말하여 알림(표준국어대사전)
2. 자기의 성명, 경력, 직업 따위를 남에게 알리는 일(고려대한국어대사전)

자기소개란 처음 만난 사람에게 자기를 알리는 수단이며, "나를 이런 사람으로 알아 달라"고 요청하는 첫 메시지이자, 상대방과 커뮤니케이션을 시작하고 유지하기 위한 첫걸음입니다.

자기소개의 구성 및
유의사항

자기소개의 구성

A ______________________________

B ______________________________

A' ______________________________

자기소개시 유의사항

1. ______________________________
2. ______________________________
3. ______________________________
4. ______________________________
5. ______________________________
6. ______________________________
7. ______________________________
8. ______________________________
9. ______________________________

자료 2-2

자기에 대해
알리고 싶은 항목

제시된 항목 중에서 나를 알리고 싶은 항목을 선택하거나(√표) 소개하고 싶은 항목이 없을 때는 추가해 봅시다.

	기본사항 (이름, 학과, 별칭, 나이, 사는 곳 등)
	우리 가족 소개
	성장과정 (성격, 장점과 단점, 좋은 습관과 나쁜 습관)
	외모적 특성
	생애 3대 사건(기억에 남는 일)
	장래 희망(희망 직업)
	감명 깊게 읽은 책(영화)
	좋아하는 것과 싫어하는 것
	학교생활이나 대학생과 관련된 재미있는 에피소드
	앞으로 꼭 만나고 싶은 사람(사귀고 싶은 사람)
	나의 고민들
	현재 신정이나 우려되는 점
	수입을 통해 얻고 싶은 것

자료 2–3

자기소개 활동지

선택하거나 추가한 항목으로 자기소개를 하면 됩니다.

미완성 문장으로 **자기소개하기**

1. 나의 성격은 ______________________________

____

2. 나의 장점은 ______________________________

____

3. 나의 습관은 ______________________________

____

4. 내가 정말로 좋아하는 대상들은 ______________________________

____

5. 내가 좋아하고 즐기는 활동들은 ______________________________

____

6. 나에게 정말 소중한 것들은 ______________________________

____

7. 현재의 나의 모습은 ______________________________

____

8. 앞으로 10년 뒤에 나의 모습은 ______________________________

____

자료 2-5

MEMO

제3장

학과소개

- 학과홍보 동영상
- 학과의 자랑거리 5가지
- 학과에 대해 알고 싶은 것 5가지

학습 목표	1. '학과의 현황'에 대해 기술할 수 있다. 2. '학과의 자랑거리를 5가지 이상'기술할 수 있다. 3. '학과 졸업생들의 졸업 후 진로'에 대해 기술할 수 있다.
진행 순서	**1. 도입 활동** 1-1. 단위회기 활동목표, 진행과정을 안내한다. 1-2. 학과의 개념을 소개한다. 1-3. 학과홍보 동영상을 보여준다. 1-4. 4~8명으로 1조를 편성한다. **2. 본 활동** 2-1. 학과생활을 설명한다. 2-2. 조별로 '학과의 자랑거리 5가지'와 '학과에 대해 알고 싶은 것 5가지'에 대해 조별토의를 하게 한다. 2-3. 학과의 현황, 학과의 특성, 졸업생들의 졸업 후 진로'에 대해 설명한다. **3. 마무리 활동** 3-1. 단위회기 진행과정을 요약한다. 3-2. 단위회기 진행과정에 대한 질의응답을 한다. 3-3. 다음회기 주제를 안내한다. 그리고 종료한다.
학습 자료	자료3-1. 학과홍보 동영상 자료3-2. 학과의 자랑거리 5가지 자료3-3. 학과에 대해 알고 싶은 것 5가지

학과의 개념정의

학과(學科)란 무엇인가?

학과의 정의 (나무위키, 2018)

1. 교수 및 연구의 편의상 구분한 학술의 분과이다.

2. Academic Department는 사전적 의미로는 '교수(敎授) 또는 연구(研究)의 행정적 편의를 위하여 구분한 학술의 분과. 즉 동종의 학문을 연구하는 대학 내 교수의 집단을 의미한다. 영미의 대학(college)에 입학한 학생은 특정 학과소속이 아니라 대학소속이며 각자 취향대로 개별 학과의 교수가 제공하는 수업 혹은 학위프로그램에 등록(enroll)하여 배운다. 따라서 교수들 간에 학과장벽은 있을지 몰라도 학생들끼리 학과 간 장벽은 없다.

3. 한국에는 "학생모집단위"로서의 학과개념을 일본에서 받아들여 광범위하게 사용했기 때문에 현재와 같은 개념적 혼란이 있다. 현재 우리나라에서의 학과란 전공별 학생이라는 기반위에 해당 전공을 가르치는 교수가 공동 운명체로서 얽혀 있는 구조이다.

학과홍보 동영상
5자 소감

자료 3-2

학과의 자랑거리
5가지

1.

2.

3.

4.

5.

학과에 대해 알고 싶은 5가지

1. ______________________________

____

2. ______________________________

____

3. ______________________________

____

4. ______________________________

____

5. ______________________________

____

제4장

선배 초청 특강

• 선배 초청 특강 활동지

• 시간관리 매트릭스

학습 목표	1. '바람직한 대학생활 지침'을 기술할 수 있다. 2. '바람직한 학과생활 지침'을 기술할 수 있다.
진행 순서	**1. 도입 활동** 1-1. 단위회기 활동목표, 진행과정을 안내한다. 1-2. 선배 초청 특강의 목적에 대해 설명한다. 1-3. 선배를 소개한다. **2. 본 활동** 2-1. 선배 초청 특강을 들으며 활동지를 작성하게 한다. 2-2. 시간관리의 중요성을 설명한다. 2-3. 시간관리 매트릭스를 작성하게 하고 발표하게 한다. 2-4. 시간관리의 과정을 설명한다. **3. 마무리 활동** 3-1. 단위회기 진행과정을 요약한다. 3-2. 단위회기 진행과정에 대한 질의응답을 한다. 3-3. 다음회기 주제를 안내한다. 그리고 종료한다.
학습 자료	자료4-1. 선배 초청 특강 활동지 자료4-2. 시간관리 매트릭스

선배 초청 특강 활동지

<table>
<tr><td>특강 주제</td><td colspan="3"></td><td>강사</td><td colspan="2"></td></tr>
<tr><td>강의 일시</td><td colspan="3"></td><td>강의 장소</td><td colspan="2"></td></tr>
<tr><td>강의 내용 요약
(200자 이상)</td><td colspan="6"></td></tr>
<tr><td>질문 사항</td><td colspan="6"></td></tr>
<tr><td>강의 들은 소감
(새로운 점, 다짐)</td><td colspan="6"></td></tr>
<tr><td>이후 특강 주제로
다루었으면
하는 것은?</td><td colspan="6"></td></tr>
<tr><td rowspan="2">강의평가</td><td>항목</td><td>매우 만족</td><td>만족</td><td>보통</td><td>불만족</td><td>매우 불만족</td></tr>
<tr><td>본인에게
도움 정도</td><td></td><td></td><td></td><td></td><td></td></tr>
</table>

시간관리 매트릭스

	긴급함	긴급하지 않음
중요함		
중요하지 않음		

제5장

K-STAR 와 e-러닝포트폴리오

- 퀴즈
- COMpass K 역량별 평가 항목과 점수 한도
- K-SATR 인증제 소개
- e-러닝포트폴리오 구성요소
- 자기소개서 양식

학습 목표	1. 'COMpass-K'내용과 활용방법을 설명할 수 있다. 2. 'K-STAR'내용과 활용방법을 설명할 수 있다. 3. 'e-러닝포트폴리오' 내용과 활용방법을 설명할 수 있다.
진행 순서	**1. 도입 활동** 1-1. 단위회기 활동목표, 진행과정을 안내한다. 1-2. 4인 1조로 조를 편성한다. 1-3. 조별로 퀴즈를 풀게 한다. **2. 본 활동** 2-1. 'COMpass-K'와 'K-STAR'와 관련한 내용을 설명한다. 2-2. 'e-러닝포트폴리오'와 관련한 내용을 설명한다. 2-3. EDWARD 시스템에서 자기소개서 작성하기 과제를 제시한다. **3. 마무리 활동** 3-1. 단위회기 진행과정을 요약한다. 3-2. 단위회기 진행과정에 대한 질의응답을 한다. 3-3. 다음회기 주제를 안내한다. 그리고 종료한다.
학습 자료	자료5-1. 퀴즈 자료5-2. COMpass K 역량별 평가 항목과 점수 한도 자료5-3. K-SATR 인증제 소개 자료5-4. e-러닝포트폴리오 구성요소 자료5-5. 자기소개서 양식

퀴즈

각 문제를 조별로 논의해서 답을 작성해 봅시다.

1. 학생의 취업경쟁력 강화를 위해 개발하였고 목표관리, 전공, 국제화, IT, 봉사/인성, 창의, 학습/진로/취업 등 7개 영역으로 구성되어 있으며 학생의 교육역량을 24개의 세부 항목으로 나누어 관리할 수 있도록 구성한 것은 무엇인가요?

2. 자기소개서를 작성하면 COMpass K 점수는 몇 점 인정받나요?

3. COMpass K에서 전체 받을 수 있는 포인트는 몇 점일까요?

4. K-STAR의 인재는 몇 가지인가요?

5. K-STAR 인증제 준비의 3단계는?

6. 도전적 개척정신(F) 인증을 위한 최소 점수는 몇 점인가요?

7. e-러닝포트폴리오를 작성하려면 어디에 접속해야 하나요?

학생역량향상을 위한
COMpass K

'Capability & Opportunity Mate for Pass, KMU'의 약자로, 학생들의 핵심역량 및 취업경쟁력을 향상시키기 위하여 재학생들의 활동성과를 입력하고 관리하는 제도

역량 영역	활용
• 목표관리역량 •전공역량 •국제화역량 • IT 역량 •봉사역량 •창의역량 • 학습/진로/취업역량	• 영역별 이력 관리를 통해 • 경험을 축적하고 관리 • 우수인재발굴(K-STAR) 및 장학사정
등록 및 승인	**승인 시 부여점수**
• 학점과 연계된 자료들은 전산처리 되나, • 자격증, 공모전, 봉사활동 등의 실적은 학생이 직접 EDWARD에 입력 • 입력 후 실적자료 원본을 가지고 단과대학 행정팀 또는 학생통합컨택코너를 방문하여 승인받아야 점수가 부여됨 • 학기별 승인 마감기한에 유의	• 자기소개서 작성 15점, • 교수상담 2점, 봉사활동 2시간 당 1점 등 세부평가요소에 따라 차등 부여 • 총점 1,810점으로, 각 역량별로 점수한도가 지정됨 • 배점 기준은 매 학기 변경될 수 있으며 EDWARD 시스템→학사행정→ COMpass K에 공지

자료 5-2

K-STAR 인증제 소개

?

우리대학교의 인재상에 부합하는 우수 인재를 발굴 육성하기 위하여 FACE 네 가지 인재 특성별로 우수 인재를 인증하는 프로그램

FACE 인재특성			
F 도전적 개척정신	A 윤리적 봉사정신	C 국제적 문화감각	E 창의적 전문성
핵심역량 • 도전정신 • 자기주도	**핵심역량** • 감성역량 • 윤리적 가치관	**핵심역량** • 외국어구사능력 • 문화적포용력	**핵심역량** • 종합적 전문지식 • 문제해결능력
COMpass K **평가요소** • 이력서, 자기소개서, 학업계획서 작성 • 교수상담 이력 • 공모전/대회 수상 • 발명/특허 취득, 창업 • 국내외 인턴십 수료 • IT자격증 취득 • 전공/취업 관련 자격증 취득 • 학습/전공/취업 관련 대외활동 • 학습/심리/진로/취업상담 • 국내 교류 대학 교환학생	COMpass K **평가요소** • 교내 간부 활동 • 헌혈, 국내 봉사활동 참가 • 국외 봉사활동 참가 • 인성 교육프로그램 참가 • 인성 교양교과목 이수	COMpass K **평가요소** • 국외 교환학생 선발, 학점 • 국외 어학연수 수료 • 국외 인턴십 수료 • 어학 자격증 취득 • 국외 봉사활동참가 • 전공, 영어교과목 이수 • 다문화교양교과목 이수 • 다문화 교육프로그램 수료 • 다문화 관련 특별활동	COMpass K **평가요소** • 성적 • 프로젝트 학점 이수 • 창업 교양교과목 이수 • 취업 교양교과목 이수 • 학습/전공/취업관련 교육 프로그램 참가 • IT자격증 취득 • 학습/전공/취업관련 자격증취득 • 학습/전공/취업관련 대외활동 • 어학 자격증 취득

e-러닝포트폴리오의 구성요소

기본정보	학습활동	경력개발	포트폴리오 인쇄
• 신상 및 학사 정보 • 교수 상담 이력	• 자기진단 • 학업 및 경력계획서 • 학습활동자료	• 이력서 및 자기소개서 • 봉사, 연수, 인턴십 활동 • 공모, 공연, 수상경력 • 어학점수, 자격증 취득 • 연구, 개발 활동 • 기타 특별 활동	• 포트폴리오 인쇄

자료 5-4

자기소개서 양식

성장배경	
성격소개	
지원동기	
입사 후 포부	

자료 5-5

MEMO

제6장

진로심리 검사

- 나의 Bucket List
- 나의 직업적 흥미 유형 알아보기
- 직업적 흥미 유형별 특성
- 나의 직업가치관 알아보기
- 직업가치관의 요인별 특성
- 적성요인별 특성
- 나의 적성 알아보기
- 종합적인 자기탐색

학습 목표	1. '심리검사'의 개념에 대해 정의할 수 있다. 2. '흥미'의 개념을 이해하고 자신의 직업적 흥미를 파악할 수 있다. 3. '가치관'의 개념을 이해하고 자신의 직업가치관을 파악할 수 있다. 4. '적성'의 개념을 이해하고 자신의 적성을 파악할 수 있다.
진행 순서	**1. 도입 활동** 1-1. 단위회기 활동목표, 진행과정을 안내한다. 1-2. 버킷 리스트를 작성하고 나눈다. **2. 본 활동** 2-1. '심리검사'에 대해 설명한다. 2-2. '흥미'의 개념에 대해 설명하고 자신의 직업적 흥미에 대해 탐색한다. 2-3. 직업적 흥미에 대한 조별 활동을 실시한다. 2-4. '가치관'의 개념에 대해 설명하고 자신의 직업가치관에 대해 탐색한다. 2-5. '적성'의 개념에 대해 설명하고 자신의 적성에 대해 탐색한다. 2-6. '종합적인 자기탐색'의 시간을 가진다. **3. 마무리 활동** 3-1. 단위회기 진행과정을 요약한다. 3-2. 단위회기 진행과정에 대한 질의응답을 한다. 3-3. 다음회기 주제를 안내한다. 그리고 종료한다.
학습 자료	자료6-1. 나의 Bucket List 자료6-2. 나의 직업적 흥미 유형 알아보기 자료6-3. 직업적 흥미 유형별 특성 자료6-4. 나의 직업가치관 알아보기 자료6-5. 직업가치관의 요인별 특성 자료6-6. 적성요인별 특성 자료6-7. 나의 적성 알아보기 자료6-8. 종합적인 자기탐색

나의 Bucket List

Bucket List는 죽기 전에 꼭 하고 싶은 일의 목록을 의미합니다. Bucket List를 작성하면서 지금 여러분이 원하는 것이 무엇인지 생각하는 시간을 가져보기 바랍니다.

영역	하고 싶은 일	이유	언제 할 수 있을까

나의 직업적 흥미 유형 알아보기

※ 흥미 I, II, III, IV, V, VI의 표를 보고 자신에게 해당하는 ______에 모두 ○를 해보십시오. (　)에는 ①~⑤ 중에 해당되는 것을 적어 보세요. ○한 숫자의 합과 ①~⑤ 중의 택한 번호를 합하여 총점을 작성해 보세요.

흥미I				
A		B		A+B의 합
해당되는 것에 모두 ○를 해 보자		(　)에 해당되는 번호를 써 보자.		
______ 나는 실제적이다.		동물이나 기계 도구를 사용하여 일하기, 물건을 수선하거나 만드는 일		
______ 나는 현실적이다.				
______ 나는 말이 없고 무뚝뚝하다.				
______ 나는 검소하다.		① 아주 재미없다 ② 재미없다 ③ 그저 그렇다 ④ 재미있다 ⑤ 아주 재미있다		
______ 나는 강건하다.				
______ 나는 순응적이다.				
______ 나는 안정적인 것을 좋아한다.				
______ 나는 엄격하다.				
○를 한 개수 합계	**(　　)개**	**번 호**	**(　　)번**	

흥미II				
A		B		A+B의 합
해당되는 것에 모두 ○를 해 보자		(　)에 해당되는 번호를 써 보자.		
______ 나는 비판적이다.		수학, 물리학과 같은 분야에서 연구, 추상적인 문제 풀기, 분석적인 사고, 복잡한 원리나 방법 이해하기		
______ 나는 호기심이 많다.				
______ 나는 창의적이다.				
______ 나는 독립심이 강하다.		① 아주 재미없다 ② 재미없다 ③ 그저 그렇다 ④ 재미있다 ⑤ 아주 재미있다		
______ 나는 논리적이다.				
______ 나는 합리적이다.				
______ 나는 과학적이다.				
______ 나는 지적이다.				
○를 한 개수 합계	**(　　)개**	**번 호**	**(　　)번**	

자료 6-2

흥미III				
A		B		
해당되는 것에 모두 ○를 해 보자		( )에 해당되는 번호를 써 보자.		A+B의 합
	나는 창의적이다.	자신을 표현하기, 예술적인 창의성, 변화와 다양성, 상상력이 풍부하고 변화를 선호하는 일		
	나는 예민하다.			
	나는 정서적이다.			
	나는 표현력이 있다.	① 아주 재미없다 ② 재미없다 ③ 그저 그렇다 ④ 재미있다 ⑤ 아주 재미있다		
	나는 비현실적이다.			
	나는 독립적이다.			
	나는 혁신적이다.			
	나는 자유분방하다.			
○를 한 개수 합계	( )개	**번 호**	( )번	

흥미IV				
A		B		
해당되는 것에 모두 ○를 해 보자		( )에 해당되는 번호를 써 보자.		A+B의 합
	나는 수용적이다.	다른 사람과 함께 일하기, 다른 사람들의 복지에 대한 관심, 사람들을 교육하거나 치료하는 일		
	나는 남을 배려한다.			
	나는 공감적이다.			
	나는 우호적이다.	① 아주 재미없다 ② 재미없다 ③ 그저 그렇다 ④ 재미있다 ⑤ 아주 재미있다		
	나는 남에게 도움을 준다.			
	나는 친절하다.			
	나는 이해심이 있다.			
	나는 가르치는 것을 좋아한다.			
○를 한 개수 합계	( )개	**번 호**	( )번	

<table>
<tr><th colspan="5">흥미V</th></tr>
<tr><th colspan="2">A</th><th colspan="2">B</th><td rowspan="3">A+B의 합</td></tr>
<tr><td colspan="2">해당되는 것에 모두 ○를 해 보자</td><td colspan="2">(　)에 해당되는 번호를 써 보자.</td></tr>
<tr><td colspan="2">나는 야망이 있다.
나는 매사에 분명하다.
나는 자기주장이 강하다.</td><td colspan="2">타인을 지도·통제·설득,
권력·지위·성취에 대한 야망과 열정,
판매업·매매업·정치 등의 활동적인 일</td></tr>
<tr><td colspan="2">나는 결정을 잘한다.
나는 통솔력이 있다.
나는 열성적이다.
나는 타인에게 영향력이 있다.
나는 설득력이 있다.</td><td colspan="2">① 아주 재미없다
② 재미없다
③ 그저 그렇다
④ 재미있다
⑤ 아주 재미있다</td><td rowspan="2"></td></tr>
<tr><td>○를 한 개수 합계</td><td>(　　)개</td><td>번 호</td><td>(　　)번</td></tr>
</table>

<table>
<tr><th colspan="5">흥미VI</th></tr>
<tr><th colspan="2">A</th><th colspan="2">B</th><td rowspan="3">A+B의 합</td></tr>
<tr><td colspan="2">해당되는 것에 모두 ○를 해 보자</td><td colspan="2">(　)에 해당되는 번호를 써 보자.</td></tr>
<tr><td colspan="2">나는 조직화된 것을 좋아한다.
나는 책임질 수 있다.
나는 질서정연하다.</td><td colspan="2">자료의 체계적인 정리, 자신에게 기대되는 것이 무엇인지, 정해진 일이 무엇인지 정확히 구조화된 일</td></tr>
<tr><td colspan="2">나는 정확한 것을 좋아한다.
나는 체계적이다.
나는 보수적이다.
나는 잘 통제되는 편이다.
나는 순응하는 것이 편하다.</td><td colspan="2">① 아주 재미없다
② 재미없다
③ 그저 그렇다
④ 재미있다
⑤ 아주 재미있다</td><td rowspan="2"></td></tr>
<tr><td>○를 한 개수 합계</td><td>(　　)개</td><td>번 호</td><td>(　　)번</td></tr>
</table>

나의 직업적 흥미 유형					
흥미Ⅰ(R)	흥미Ⅱ(I)	흥미Ⅲ(A)	흥미Ⅳ(S)	흥미Ⅴ(E)	흥미Ⅵ(C)
나의 직업적 흥미 유형 코드					

※ 각 흥미 유형의 A+B의 합(1~13점)을 적는다. 가장 점수가 높게 나온 흥미 유형과 두 번째 높게 나온 점수의 유형의 코드를 적는다. 두 자리 영문코드가 나의 흥미 유형 코드가 된다.
(예: RIASEC 중 2개의 영문코드 AS)

직업적 흥미 유형별 특성

유형	특징	대표적 직업
현실형 R realistic	운동이나 기계적인 능력을 가진 사람들로 물건, 도구, 기계, 동식물과 옥외에서 일하는 것을 더 좋아한다.	건축가, 경찰관, 농장경영자, 엔지니어, 직업군인, 프로운동선수, 항공기 조종사, 공학자, 중장비 기사, 원예사, 조경사
탐구형 I investigative	관찰하기, 배우기, 탐구하기, 분석하기, 평가하기, 문제풀기를 좋아한다.	과학계열 연구자, 과학교사, 의사, 물리학자, 대학교수, 수의사, 수학자, 심리학자, 화학자, 천문학자, 치과의사, 의사
예술형 A artistic	예술적, 개혁적, 직관적인 능력을 가진 사람들로 구조화되지 않은 상황에서 일하기를 좋아하고 상상력과 창의력을 가지고 있다.	건축가, 국어교사, 신문기자, 리포터, 만화가, 예능교사, 배우, 사진작가, 실내 장식가, 엔터테이너, 카피라이터, 조각가, 작가
사회형 S social	사람들과 함께 일하기를 좋아하고 정보를 교환하며, 다른 사람을 가르치고 도와주기를 좋아하며 교육, 훈련, 돌보는 일을 잘 하며 언어능력이 뛰어나다.	간호사, 상담교사, 물리치료사, 레크리에이션 강사, 보육교사, 사회사업가, 중·고교 교사, 진로상담가, 특수교육교사, 초등학교교사, 청소년단체 지도자
진취형 E enterprising	조직의 목표와 경제적인 이득을 위해 설득하고 영향력을 행사하며 일을 수행하고 지도력이 있으며 경영하기를 잘 한다.	아나운서, 경매업자, 변호사, 부동산 중개인, 마케팅 책임자, 광고대행업자, 매장관리자, 아나운서, 세일즈맨, 정치인, 홍보담당자, 여행사 직원
관습형 C conventional	자료를 가지고 일하기를 좋아하는 사람들로 경리 능력이 있고 지시에 따라 일을 처리하고 세밀한 일처리를 잘 한다.	공인회계사, 매장판매원, 비서, 문서작성 및 편집자, 사무관리자, 재무분석가, 제품관리자, 은행원, 의료기록원

자료 6-3

나의 직업 가치관 알아보기

직업에서 추구하는 각각의 가치에 대해서 나에게 중요한 정도를 체크해 보세요.

가 치	나에게 중요한 정도			
	매우 중요하다	중요하다	그저 그렇다	우선순위 (1~5위)
1. 성취감을 느낄 수 있다.				
2. 봉사하는 것은 행복한 일이다.				
3. 혼자서 하는 일이 좋다.				
4. 안정적인 직장생활을 하고 싶다.				
5. 업무가 변화 가능한 것이 좋다.				
6. 몸과 마음의 여유가 있다.				
7. 타인에게 영향력을 발휘한다.				
8. 새로운 지식을 얻고 싶다.				
9. 나라 발전에 기여한다.				
10. 자율적으로 일을 한다.				
11. 월급이 많다.				
12. 타인으로부터 인정을 받는다.				
13. 주로 실내에서 일을 한다.				
14. 기타 자신이 중요하다고 생각하는 가치관(　　　　　　)				

	가장 중요한 가치	중요하다고 생각하는 이유
1		
2		
3		
4		
5		

직업 가치관의 요인별 특성

번호	가치관	내 용
1	성취	• 자신이 스스로 목표를 세우고 이를 달성함 • 도전적, 진취적, 경쟁적인 편 • 새로운 과제에 도전하고 성취할 때 기쁨과 보람을 느낌
2	봉사	• 남을 위한 활동에 보람을 느낌 • 따뜻한 마음, 희생정신, 동정심 많음 • 주변 사람들을 도와줄 수 있다고 느낄 때 보람을 느낌
3	개별활동	• 여러 사람과 어울려 일하기보다는 혼자 일하는 것을 중시함 • 대체로 조용하고 온순한 성격인 편이나, 경우에 따라 매우 고집이 있거나 개성 있어 보일 수 있음
4	직업안정	• 직업에서 얼마나 오랫동안 안정적으로 종사할 수 있는지를 중시 • 하나의 전문적 기술을 가지고 오랫동안 꾸준히 일하는 환경을 좋아함
5	변화지향	• 일상적 업무보다 늘 새로운 일 선호 • 같은 일을 하더라도 자기만의 방식으로 풀어보려는 연구자적 기질이 있음
6	몸과 마음의 여유	• 마음과 신체적인 여유를 가질 수 있는 업무나 직업을 중시 • 자신의 개인생활을 중시하며, 규칙적인 업무를 통해 자기 시간을 갖거나 자율적 일정관리가 가능한 직업 선호
7	영향력 발휘	• 타인에 대한 영향력을 발휘하는 것을 중시 • 자기주장이 강함, 도전적이며 타인과의 교류 즐김 • 타인이 자신의 의견이나 생각을 잘 따르기 바람
8	지식 추구	• 새로운 것에 대한 관심과 궁금증이 많음 • 여러 가지 현상에 대한 지식 습득을 좋아함 • 일을 통해 다양한 지식을 얻는 것을 보람 있다고 생각함
9	애국	• 개인의 이익보다 사회와 국가의 이익을 중시함 • 타인에 대한 희생정신과 국가를 위해 일하겠다는 사명감이 높음
10	자율성	• 자율적으로 업무를 해 나가는 것을 중시 • 의사결정 권한도 자신이 갖고 싶어함
11	금전적 보상	• 금전적 보상을 중시 • 성실하고 열심히 일하는 사람
12	인정	• 사회적으로 명예로운 직업이나 사람들로부터 얻은 인기가 중요 • 타인으로부터의 인정에서 일의 이미를 찾는 경우가 많음
13	실내 활동	• 몸을 움직이는 일보다 앉아서 할 수 있는 일 선호 • 대부분 조용하고 편안하고 성실한 편

자료 6-5

적성 요인별 특성

번호	적성 요인	내 용	적합 직업
1	언어력	어휘력과 문장 독해 능력. 일상생활에서의 다양한 단어의 의미와 문장들의 내용을 바르게 파악하는 능력	논설위원, 상담원, 인문계 교사, 작가, 판사, 검사, 변호사, 평론가, 신문잡지 편집원
2	수리력	계산력과 자료해석력. 수리적 문제를 풀고 통계적 자료들의 의미를 정확하게 해석하는 능력	기계공학 기술자, 물리/화학/생물 전문가, 공인회계사
3	추리력	수열추리, 도형추리력. 주어진 정보를 이용하여 서로의 관계를 논리적으로 추론해 내는 능력	통계자료 분석가, 펀드매니저, 공인회계사, 세무사, 수학자, 통계학자, 컴퓨터프로그래머
4	공간 지각력	지도 보고 위치 찾기, 조각 맞추기, 그림 맞추는 능력. 공간 속에서 위치나 방향을 정확히 파악하는 능력	측량 및 토목기술자, 건축설계기술자, 화가 및 만화가, 사진가, 연출 및 감독자, 수학자 및 통계학자
5	사물 지각력	지각속도. 서로 다른 사물들 간의 유사한 점이나 차이점을 정확하게 지각하는 능력	유치원 교사, 음식제조관련 직업, 건축관련 직업
6	상황 판단력	문제의 갈등상황에서 이를 해결하기 위한 바람직한 대안을 판단하는 능력	속기사, 운전관련 직업, 직업상담원, 도서관 전문가, 보건관련 준전문가
7	기계능력	기계에 대한 능력. 기계의 작동원리나 사물의 운동 원리를 정확하게 이해하는 능력	기계공학 기술자, 산업공학 기술자, 정비사
8	집중력	작업을 방해하는 환경에서도 정신을 한 곳으로 집중하여 문제를 해결할 수 있는 능력	인문계 교사, 광고/조사 컨설팅 전문가
9	색채 지각력	서로 다른 색들을 정확하게 구분하고 서로 다른 색의 혼합 결과를 판단하는 능력	화가, 디자이너, 만화가, 영양사, 음악관련 직업, 미용관련 직업
10	사고 유창력	짧은 시간 내에 많은 아이디어를 만들어내는 능력	기자, 경찰관, 번역전문가, 소방관, 건축설계기술자
11	협응능력	손과 눈의 협응 속에 세밀한 작업을 빠른 시간 내에 정확히 해내는 능력	체육지도자, 무용가, 미용관련 직업, 레크레이션 지도자

자료 6–6

나의 적성 알아보기

앞의 '적성요인별 특성'에서 열 한 가지 적성요인을 살펴보고 자신에게 높게 나타나는 요인을 적어보십시오.

	적성이 높다고 생각하는 요인	선정한 이유 (적성을 발휘했던 경험)
1		
2		
3		

자료 6-7

종합적인 **자기탐색**

※ 위에서 실시했던 분석결과를 종합하여 자기탐색을 해 봅시다.

1. 실현가능성과 상관없이 자신의 직업으로 깊이 생각해보고 싶은 직업 다섯 개를 아래 표에 적어 보세요. 여러분이 꿈꾸었고 다른 사람과도 의논해 본 적이 있는 직업이면 더 좋습니다.
2. 자신의 직업적 흥미를 고려할 때 직업의 우선순위를 1~5로 적어보세요.
3. 자신의 직업가치관을 고려하여 직업의 우선순위를 1~5로 적어보세요.
4. 자신의 적성을 고려하여 직업의 우선순위를 1~5로 적어보세요.

	직업명	직업적 흥미	직업가치관	적성
1				
2				
3				
4				
5				

5. 직업적 흥미, 직업가치관, 적성의 분석결과를 종합해 볼 때 자신에게 가장 적절하다고 생각되는 직업은 무엇이며 그렇게 생각하는 이유는 무엇입니까?

6. 직업적 흥미, 직업가치관, 적성의 분석결과를 종합해 볼 때 위에서 나열한 직업 외에 자신에게 적합하다고 생각되는 직업이 있다면, 어떤 것입니까?

MEMO

제7장

동산도서관 이용

- 도서관에서의 경험
- 가치 있는 정보의 특성
- 자료검색 실습
- 학술정보 데이터베이스
- 학술정보 검색 실습

학습 목표	1. 대학도서관의 기능과 역할에 대해 이해한다. 2. 가치 있는 정보의 중요성 및 정보검색에 대해 이해한다. 3. 동산도서관 홈페이지에서 소장자료를 검색할 수 있다. 4. 동산도서관 홈페이지에서 학술정보를 검색할 수 있다.
진행 순서	**1. 도입 활동** 1-1. 단위회기 활동목표, 진행과정을 안내한다. 1-2. 4인 1조로 조를 편성한다. 1-3. '도서관에서의 경험'에 대한 활동을 실시한다. **2. 본 활동** 2-1. '대학도서관의 기능과 역할'에 대해 설명한다. 2-2. '가치 있는 정보의 특성'에 대해 조별 토론을 실시한다. 2-3. '가치 있는 정보의 특성'에 대해 설명한다. 2-4. '정보검색'에 대해 설명한다. 2-5. '자료 검색 실습'활동을 실시한다. 2-6. '학술정보검색 실습'활동을 실시한다. 2-7. '온라인 도서관 이용 교육'에 대한 과제를 제시한다. **3. 마무리 활동** 3-1. 단위회기 진행과정을 요약한다. 3-2. 단위회기 진행과정에 대한 질의응답을 한다. 3-3. 다음회기 주제를 안내한다. 그리고 종료한다.
학습 자료	자료7-1. 도서관에서의 경험 자료7-2. 가치 있는 정보의 특성 자료7-3 자료검색 실습 자료7-4. 학술정보 데이터베이스 자료7-5. 학술정보 검색 실습

도서관에서의 경험

도서관에서 경험한 다양한 일들이 있을 것입니다. 자료를 찾으면서, 공부를 하면서, 또는 다른 활동을 하면서 경험했던 일들에 대해 자유롭게 기록해 보세요.

1.____________________________

2.____________________________

3.____________________________

4.____________________________

5.____________________________

6.____________________________

7.____________________________

8.____________________________

9.____________________________

10.____________________________

가치 있는 정보의 특성

가치 있는 정보는 어떤 특성을 가지고 있을지 나열해 보고, 그 특성이 왜 가치 있는 정보가 되는지 근거(이유)를 생각해서 기록해 보세요.

	특성	근거(이유)
1		
2		
3		
4		
5		

자료검색 실습

계명대학교 앱의 동산도서관 화면에서 '자료검색'란에 들어가십시오. 여러분이 관심 있는 주제의 키워드를 '서명'에 입력하면 입력한 주제와 관련한 다양한 책이 검색될 것입니다. 여러분이 검색한 책의 저자, 연도, 제목, 출판사명 그리고 청구기호를 기록해 보시기 바랍니다.

	저자	발행년도	제목	출판사명	청구 기호
예제	Raymond G. Miltenberger (저) 안병환(역)	2002	행동수정	시그마프레스	153.85 M662b2ㅎ
1					
2					
3					
4					
5					
6					
7					
8					
9					
10					
11					
12					
13					
14					
15					

학술정보 데이터베이스

구분	DB명	내 용
국내	KISS	한국학술정보에서 구축. 전 주제 분야 총 3,288종의 학술지 논문의 원문 제공
	DBpia	인문, 사회, 어문, 경제/경영, 교육, 신학, 법학, 행정, 의학, 예/체능, 공학, 자연과학 11개 분야의 총 461개 학회, 협회 및 출판사에서 발행되는 1,800여 종의 학술지 논문의 원문을 제공
	교보문고 스콜라	교보문고의 학술논문 서비스 '교보문고 스콜라'와 학지사가 운영하던 '뉴논문' 서비스를 통합한 국내학술논문 전문사이트. 전 주제 분야 총 1,018종의 학술지 논문의 원문 제공
	eArticle	학술교육원 구축. 국내 570여 학회 및 학술단체에서 발행되고 있는 860여 종의 저널을 창간호부터 현재까지 데이터베이스로 구축하여 원문 제공
	Riss	한국교육학술정보원 구축. 국내 및 해외 학위논문, 국내 및 국제학술지의 원문을 제공
해외	ScienceDirect	학술지 출판사인 Elsevier에서 발행하는 저널과 도서들을 원문으로 구축한 데이터베이스. 전 주제 분야 2,500여 종의 저널 및 11,000권의 책 원문 제공
	SAGE Premier Package	Sage 출판사의 전 주제 분야 전자저널 646종에 대한 원문 제공
	Business Source Complete (BSC)	세계에서 가장 널리 이용되고 있는 비즈니스 정보 연구원으로서 경영, 경제, 회계, 금융, 무역, 행정 등 비즈니스 전반의 학술 저널 제공. 3,500여종의 출판물에 대한 원문 제공
	ERIC	미국 교육부 제작 교육학 분야 저널. 백만 여건 이상의 색인정보를 수록하고 있으며, 저널기사뿐 만 아니라 회의록, 단행본, 수업자료, 시청각자료 등 다양한 형태의 정보원을 포함
	EBSCO host Academic Search Premier	학문 전 분야에 걸친 17,900여 종의 해외 학술저널 색인, 초록정보를 바탕으로 그 중 9,000여 종의 저널에 대한 원문을 제공
	Proquest Central	25개 이상의 주제별 전문 데이터베이스를 통합하여 구성한 원문 데이터베이스. 저널 9천여종, 학위논문 4만여 책 등의 원문을 제공
	JCR(Journal Citation Reports)	인용 데이터를 기반으로 저널의 통계 정보를 제공하는 저널 평가 데이터베이스. 저널 평가를 위한 체계적이고 객관적인 방법 제공
	SCOPUS	5천개 이상의 출판사에서 발간한 23,000여 종 이상의 과학, 기술, 의학, 사회과학의 서지정보 및 인용정보를 수록한 데이트베이스

자료 7-4

학술정보 검색 실습

'게임중독'에 대해 살펴본 논문들을 검색하려고 합니다.

1. 동산도서관의 '학술DB리스트'중 DBpia에서 '게임중독'이라는 검색어를 입력하면 게임중독에 대한 여러 가지 논문이 검색될 것입니다.
2. 아래 표에 여러분이 검색한 논문의 저자, 연도, 논문 제목과 학술지명, 권, 페이지를 기록해 보시기 바랍니다.
3. 다운로드를 클릭하면 논문의 전체 내용을 확인할 수 있습니다.

	저자	발행년도	논문 제목	학술지명	권	페이지
예	정겨운 정호진 이인혜	2017	대인관계 불만족과 인터넷 게임 중독의 관계에서 게임 이용 동기의 매개효과 : 성별 간 차이	한국심리학회지: 건강	22	417–432
1						
2						
3						
4						
5						
6						
7						
8						
9						
10						

자료 7–5

MEMO

제8장

인간관계

- 나의 인간관계
- 대인관계 양식 체크리스트
- 대인관계 양식 체크리스트 채점표
- 키슬러의 8가지 대인관계 양식
- 조하리의 창
- 의사소통 방해요인
- 의사소통 증진방법
- 대학생활과 진로설계 자기 중간평가

학습 목표	1. 발달에 따른 인간관계의 변화와 자신의 인간관계를 이해할 수 있다. 2. 자신의 대인관계 양식을 이해할 수 있다. 3. 조하리의 창을 통해 자신의 인간관계 유형을 이해할 수 있다. 4. 의사소통의 의미와 방해요인, 증진방법을 기술할 수 있다. 5. 의사소통 기술을 배우고 실천할 수 있다. 6. 자기 중간평가 보고서를 작성한다.
진행 순서	**1. 도입 활동** 1-1. 단위회기 활동목표와 진행과정을 안내한다. 1-2. 나의 인간관계를 작성해 본다. 1-3. 4인 1조를 편성한다. 그리고 조장을 선발한다. **2. 본 활동** 2-1. 키슬러의 체크리스트를 통해 자신의 인간관계 양식을 확인한다. 2-2. '조하리의 창' 활동의 취지와 작성방법을 설명한다. 2-3. '조하리의 창'을 통해 자신의 인간관계 유형을 확인한다. 2-4. 의사소통의 의미를 설명하고 의사소통 방해요인에 대해 토의한다. 2-5. 의사소통의 방해요인을 설명한다. 2-6. 의사소통 증진 방법에 대해 토의한다. 2-7. 의사소통의 기술에 대해 설명한다. **3. 마무리 활동** 3-1. 단위회기 진행과정을 요약한다. 3-2. 단위회기 진행과정에 대한 질의응답을 한다. 3-3. 자기 중간평가를 과제로 제시한다. 3-4. 다음 회기 주제를 안내하고 종료한다.
학습 자료	자료8-1. 나의 인간관계 자료8-2. 대인관계 양식 체크리스트 자료8-3. 대인관계 양식 체크리스트 채점표 자료8-4. 키슬러의 8가지 대인관계 양식 자료8-5. 조하리의 창 자료8-6. 의사소통 방해요인 자료8-7. 의사소통 증진방법 자료8-8. 대학생활과 진로설계 자기 중간평가

나의 **인간관계**

관계	누구	이유
서로 좋아하는 관계		
서로 싫어하는 관계		
나는 좋아하지만 상대는 싫어하는 관계		
상대는 좋아하지만 나는 싫어하는 관계		

자료 8-1

대인관계 양식 체크리스트

전혀 그렇지 않다: 1　약간 그렇다: 2　상당히 그렇다: 3　매우 그렇다: 4

번호	항목	1	2	3	4	번호	항목	1	2	3	4
1	자신감이 있다					21	온순하다				
2	꾀가 많다					22	단순하다				
3	강인하다					23	관대하다				
4	쾌활하지 않다					24	열성적이다				
5	마음이 약하다					25	지배적이다				
6	다툼을 피한다					26	치밀하다				
7	인정이 많다					27	무뚝뚝하다				
8	명랑하다					28	고립되어 있다				
9	추진력이 있다					29	조심성이 많다				
10	자기자랑을 잘한다					30	겸손하다				
11	냉철하다					31	부드럽다				
12	붙임성이 있다					32	사교적이다				
13	수줍움이 있다					33	자기주장이 강하다				
14	고분고분하다					34	계산적이다				
15	다정다감하다					35	따뜻함이 부족하다				
16	붙임성이 있다					36	재치가 부족하다				
17	고집이 세다					37	추진력이 부족하다				
18	자존심이 강하다					38	솔직하다				
19	독하다					39	친절하다				
20	비사교적이다					40	활달하다				

대인관계 양식 채점표

1		2		3		4		5		6		7		8	
9		10		11		12		13		14		15		16	
17		18		19		20		21		22		23		24	
25		26		27		28		29		30		31		32	
33		34		35		36		37		38		39		40	
지배형		실리형		냉담형		고립형		복종형		순박형		친화형		사교형	

키슬러의 8가지 대인관계 양식

구분	유형	특징
1	지배형	대인 관계에서 자신감이 있으며 자기주장이 강하고 타인에 대하여 주도권을 행사하는 경향이 있다.
2	실리형	대인 관계에서 이해관계가 예민하고 치밀하며 성취 지향적이다.
3	냉담형	이성적이고 냉철하며 의지력이 강하고, 타인과 거리를 두며 대인 관계를 맺는 경향이 있다.
4	고립형	혼자 있거나 혼자 일하는 것을 좋아하며 감정을 잘 드러내지 않는다.
5	복종형	대인 관계에서 수동적이고 의존적이며 타인의 의견을 잘 따르고 주어지는 일을 순종적으로 잘한다.
6	순박형	단순하고 솔직하며 대인 관계에서 너그럽고 겸손한 경향이 있다.
7	친화형	따뜻하고 인정이 많으며, 대인 관계에서 타인을 잘 배려하여 도와주고 자기희생적인 태도를 보인다.
8	사교형	외향적이고 쾌활하며 타인과 함께 대화하기를 좋아하고 타인으로부터 인정받고자 하는 욕구가 강하다.

조하리의 창 (Johari's window)

인간관계에서
나는 어떤 모습인가?

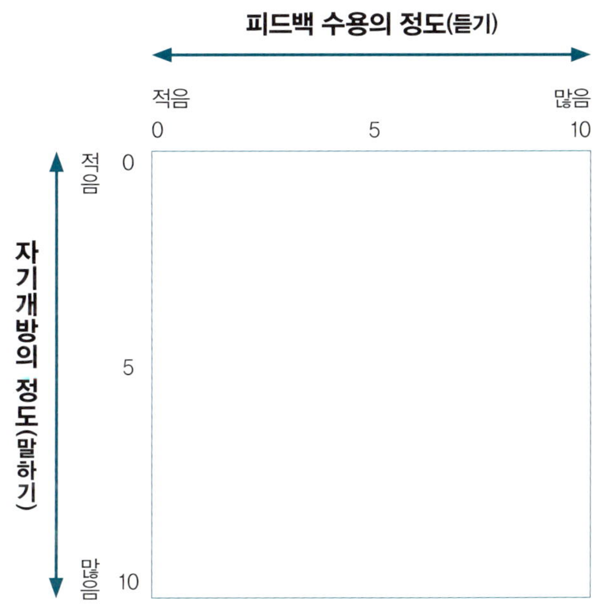

자료 8-5

의사소통 **방해요인**

1.

2.

3.

4.

5.

6.

7.

8.

의사소통 **증진방법**

1.

2.

3.

4.

5.

6.

7.

8.

대학생활과 진로설계 자기 중간평가

1. 자기 중간평가 점수 (첫 시간부터 지금까지 자신의 수강행동이나 태도, 그리고 수강을 통해서 얻은 학습의 성과들을 생각해 보십시오. 그리고 나서, 자신의 수강행동이나 태도, 그리고 성취정도를 100점 만점으로 평가해 주십시오. 예. 100점 만점에 87점)

2. 자기 중간평가 점수를 준 이유 (위에 기록한 점수를 준 이유에 대해 생각해 보고, 그 이유를 쓰십시오.)

3. 남은 수업에 대한 수강 계획 (남은 수업과 관련하여, 앞으로의 수강계획, 또는 목표나 기대나 바람 등에 대해 생각해 보고, 그것들을 쓰십시오)

제9장

유익한 대학생활 가이드

- 대학 입학 이전 대학생활에 대한 기대
- 공부에 대한 동기 점검
- 인간관계 맵
- 대학생활 목표 세우기
- 나의 일주일
- 시간사용 점검
- 시간계획표

학습 목표	1. 대학생활적응의 개념에 대해 정의할 수 있다. 2. 대학생활적응의 영역에 대해 설명할 수 있다. 3. 학업에 대한 동기 저하 이유에 대해 기술할 수 있다. 4. 현재 맺고 있는 인간관계에 대해 기술할 수 있다. 5. 대학생활의 목표를 설정할 수 있다. 6. 효율적인 시간사용을 할 수 있다.
진행 순서	**1. 도입 활동** 1-1. 단위회기 활동목표, 진행과정을 안내한다. 1-2. 4인 1조로 조를 편성하고 조장을 선발한다. 1-3. '대학 입학 이전 대학생활에 대한 기대'에 대한 활동을 실시한다. **2. 본 활동** 2-1. '대학생활적응의 개념'에 대해 설명한다. 2-2. '공부에 대한 동기' 점검을 실시한다. 2-3. '인간관계 맵'을 그려본다. 2-4. '대학생활 목표 세우기'에 대한 활동을 실시한다. 2-5. '시간사용 점검' 활동을 실시한다. 2-6. '시간계획' 활동을 실시한다. **3. 마무리 활동** 3-1. 단위회기 진행과정을 요약한다. 3-2. 단위회기 진행과정에 대한 질의응답을 한다. 3-3. 다음회기 주제를 안내하고 과제를 제시한다. 그리고 종료한다.
학습 자료	자료9-1. 대학 입학 이전 대학생활에 대한 기대 자료9-2. 공부에 대한 동기 점검 자료9-3. 인간관계 맵 자료9-4. 대학생활 목표 세우기 자료9-5. 나의 일주일 자료9-6. 시간사용 점검 자료9-7. 시간계획표

대학 입학 이전 대학생활에 대한 기대

대학에 들어오기 전 여러분은 대학생활에 대해 많은 기대를 가지고 있었을 것입니다.
여러분이 대학생활에서 기대했던 것들에 대해 생각나는 대로 기록해 주세요.

1. ____________________

2. ____________________

3. ____________________

4. ____________________

5. ____________________

6. ____________________

7. ____________________

8. ____________________

9. ____________________

10. ____________________

자료 9-1

공부에 대한 동기 점검

대학에 입학한 후 중·고등학교 때보다 공부의 동기가 낮아지는 이유에 대한 가설들입니다. 이 중 자신에게 해당하는 내용이 무엇인지 생각해 보세요.

활동유형	내 용
정체감 추구설	나는 누구인가, 내가 무엇을 할 수 있는가, 내가 진정으로 원하는 삶은 어떤 것인가 등 자신을 찾으려는 노력이 절실하고도 자연스러운 문제로 떠오르게 되면서 이에 대한 답을 찾으려고 방황하기 시작한다.
목표 상실설	중·고교 시절 대학 입학이 유일한 목표였기 때문에 일단 목표가 달성된 이후에는 공부 이외의 목표를 추구하거나 혹은 삶의 목표를 상실할 수 있다.
보상설	많은 것을 대학 이후로 미룬데 대한 보상 심리로 '놀고 보자' 또는 '그동안 해보지 않은 것을 다 해 보자'라는 식으로 생각하면서 공부에 태만해진다.
비효율적 시간 관리설	다른 사람의 간섭이나 제재 없이 스스로 시간 계획을 수립하고 실행해야 하는 입장이 되면서 시간관리 그 자체에 당혹감을 가지게 되고 효율적 시간 관리 방식을 몰라서 학업생활에서 시간과 정력을 낭비하게 된다.
공부 보상 결여설	대학 진학 자체가 이미 사회적으로 지적 능력에 대한 인정을 받은 것이므로 공부에 대해 최소한의 노력만을 기울이려는 경향이 있다.
강화 불충분설	전공 공부에 가치 부여를 별로 하지 않는 대학 문화나 학업 성취 수준에 대해 즉각적인 피드백을 주지 않는 교수 방식 등 공부에 대한 강화가 충분히 주어지지 못한다.
나의 공부 동기가 저하된 이유	

인관관계 맵

나를 중심으로 현재 인간관계를 맺고 있는 사람들을 그려보세요.

나

인간관계 맵을 그려본 소감에 대해 기록해 보세요.

대학생활 목표 세우기

대학생활에서 여러분이 이루고 싶은 목표를 세워보십시오. 목표는 구체적으로, 실현가능하며, 결과를 측정할 수 있도록 세우는 것이 좋습니다.

영역	세부 목표			
	1학년	2학년	3학년	4학년
공부				
인간관계				
신체활동				
여가생활				
기타				

나의 일주일

지난 일주일 동안 어떻게 시간을 보냈는지 기록해 보세요. 여러분 자신을 돌아보기 위한 것이므로 가능한 솔직하고 구체적으로 기록해 보세요.

시간	요일	월	화	수	목	금	토	일
오전	4~5							
	5~6							
	6~7							
	7~8							
	8~9							
	9~10							
	10~11							
	11~12							
오후	12~1							
	1~2							
	2~3							
	3~4							
	4~5							
	5~6							
	6~7							
	7~8							
	8~9							
	9~10							
	10~11							
	11~12							
오전	12~1							
	1~2							
	2~3							
	3~4							

자료 9–5

시간사용 점검

지난 일주일 동안의 시간사용 내용을 토대로 활동유형별 시간을 분석해 보세요.

활동유형	내 용	사용시간	비율(%)
A 유형의 활동 긴급하고, 중요한 일 (예) 마감이 임박한 과제, 내일 치러야 할 시험			
B 유형의 활동 긴급하지 않지만, 중요한 일 (예) 자기계발, 건강관리, 어학공부, 가족관계, 진로설계, 대인관계			
C유형의 활동 긴급하지만, 중요하지 않는 일 (예) 술자리, 축제, 사소한 부탁 처리, 전화호출			
D 유형의 활동 긴급하지도 않고, 중요하지도 않은 일 (예) 컴퓨터 게임 과도한 TV 시청			
A,C,D 유형의 활동 중 B유형으로 전환 가능한 활동			
자신의 시간 사용에 대해 느낀 점			

시간계획표

앞으로 일주일 동안 어떻게 시간을 보낼 것인지 계획해 보세요. 시간사용 점검 활동에서 느꼈던 것을 반영하여 계획해 보세요.

시간	요일	월	화	수	목	금	토	일
오전	4~5							
	5~6							
	6~7							
	7~8							
	8~9							
	9~10							
	10~11							
	11~12							
오후	12~1							
	1~2							
	2~3							
	3~4							
	4~5							
	5~6							
	6~7							
	7~8							
	8~9							
	9~10							
	10~11							
	11~12							
오전	12~1							
	1~2							
	2~3							
	3~4							

자료 9–7

MEMO

제10장

생애 진로 로드맵

- 나의 꿈
- 진로결정 프로파일
- 진로미결정 프로파일
- 진로적응성 검사
- 진로준비행동 검사

학습 목표	1. '진로의사결정'의 개념에 대해 정의하고, 자신의 '진로결정상태'를 파악할 수 있다. 2. '진로미결정 요인'에 대해 이해하고, 자신의 '진로미결정 요인'을 파악할 수 있다. 3. '진로적응성'의 개념에 대해 정의하고, 자신의 '진로적응성'을 파악할 수 있다. 4. '진로준비행동'에 대해 이해하고, 자신의 '진로준비행동'을 파악할 수 있다.
진행 순서	**1. 도입 활동** 1-1. 단위회기 활동목표, 진행과정을 안내한다. 1-2. '나의 꿈'을 작성하고 나눈다. **2. 본 활동** 2-1. '진로의사결정'의 개념에 대해 설명한다. 2-2. 진로결정 상태와 진로결정에 대한 편안함에 따른 자신의 유형을 탐색한다. 2-3. 진로결정유형에 대한 조별 활동을 실시한다. 2-4. 자신의 진로미결정 요인이 무엇인지 탐색한다. 2-5. '진로적응성'의 개념에 대해 설명한다. 2-6. 자신의 진로적응성에 대해 탐색한다. 2-7. '진로준비행동'의 개념에 대해 설명한다. 2-8. 자신의 진로준비행동에 대해 탐색한다. **3. 마무리 활동** 3-1. 단위회기 진행과정을 요약한다. 3-2. 단위회기 진행과정에 대한 질의응답을 한다. 3-3. 다음회기 주제를 안내한다. 그리고 종료한다.
학습 자료	자료10-1. 나의 꿈 자료10-2. 진로결정 프로파일 자료10-3. 진로미결정 프로파일 자료10-4. 진로적응성 검사 자료10-5. 진로준비행동 검사

나의 꿈

여러분의 어린 시절부터 지금까지 자신이 무엇이 되고 싶었는지, 왜 그 일을 하고 싶었는지, 그 꿈을 가지도록 영향을 준 사건이나 사람이 있었는지에 대해 적어보십시오.

언제	나의 꿈	이유	꿈에 영향을 준 사람이나 사건
초등학교 입학 이전			
초등학교			
중학교			
고등학교			
현재			

진로결정 프로파일

다음은 여러분의 진로결정 상태를 알아보기 위한 것입니다. 각 문항을 읽고 자신에게 가장 적합하다고 생각되는 것에 ○표 해 주십시오.

문 항	전혀 그렇지 않다	대체로 그렇지 않다	대체로 그렇다	매우 그렇다
1. 나는 앞으로 일하고 싶은 직업분야가 있다.	1	2	3	4
2. 나는 원하는 직업을 결정했다.	1	2	3	4
3. 나는 진로를 결정할 때 편안하며, 별로 부담을 느끼지 않는다.	1	2	3	4
4. 나는 선택한 진로나 앞으로 선택할 진로에 대해 불안하거나 걱정하지 않는다.	1	2	3	4

위에서 응답한 내용에 대한 채점결과와 자신의 유형을 살펴보십시오.

요 인	문항	원점수	평균	표준편차	Z 점수	T 점수	자신의 유형
결정성	1, 2번		3.03	1.45			
편안성	3, 4번		2.3	1.75			

※Z점수계산: (원점수−평균)÷표준편차
T점수계산: 50+(10×Z점수)

* 40≤T점수≤60 :	16%≤백분위≤84%
* 30≤T점수≤70 :	2%≤백분위≤98%

진로미결정 프로파일

다음은 진로와 관련된 결정을 할 때 직면하게 되는 어려움이나 문제에 관한 것입니다.
각 문항을 읽고 자신의 생각과 가장 일치하는 것에 ○표 하여 주십시오.

문 항	전혀 아니다	아니다	약간 아니다	약간 그렇다	그렇다	매우 그렇다
1. 진로가 어떤 것인지에 대한 정보가 필요하다.	1	2	3	4	5	6
2. 선택지를 좁히기가 어렵다.	1	2	3	4	5	6
3. 의사결정을 할 때 초조하다.	1	2	3	4	5	6
4. 직업 정보를 충분히 알지 못한 것 같다.	1	2	3	4	5	6
5. 전념할 수가 없고, 다른 선택지를 모른다.	1	2	3	4	5	6
6. 직업에 대해 충분히 알지 못한다.	1	2	3	4	5	6
7. 성공적인 선택지를 위해서는 더 많은 정보가 필요하다.	1	2	3	4	5	6
8. 의사결정을 하는 것에 대해 종종 낙심한다.	1	2	3	4	5	6
9. 나 자신에 대해 더 알아야 할 필요가 있다.	1	2	3	4	5	6
10. 의사결정에 대해 더 배워야 할 필요가 있다	1	2	3	4	5	6
11. 내가 원하는 것이 무엇인지에 대해 좀 더 알아야 할 필요가 있다.	1	2	3	4	5	6
12. 내 흥미가 무엇인지에 대해 더 알 필요가 있다.	1	2	3	4	5	6
13. 목표가 변할까 봐 걱정이다.	1	2	3	4	5	6
14. 여러 가지로 어려움을 느낀다.	1	2	3	4	5	6
15. 흥미가 변할까 봐 걱정이다.	1	2	3	4	5	6
16. 내 재능에 대해 더 많은 생각을 해 볼 필요가 있다.	1	2	3	4	5	6
17. 관심이 가는 진로가 너무 많아서 갈등된다.	1	2	3	4	5	6
18. 선택지는 있지만 전념할 준비가 아직 안 되었다.	1	2	3	4	5	6
19. 흥미가 너무 많이 변할지 모른다.	1	2	3	4	5	6
20. 두 가지 좋은 선택지 사이에서 결정을 내리기가 힘들다.	1	2	3	4	5	6

자료 10-3

문 항	전혀 아니다	아니다	약간 아니다	약간 그렇다	그렇다	매우 그렇다
21. 직업에 대해서 많이 모른다.	1	2	3	4	5	6
22. 하나에 전념하기보다는 가능성을 열어두는 것이 더 나을 듯 싶다.	1	2	3	4	5	6
23. 종종 방향감을 상실하곤 한다.	1	2	3	4	5	6
24. 지금 전념하는 게 불편하다.	1	2	3	4	5	6
25. 종종 불안과 공포를 느낀다.	1	2	3	4	5	6
26. 일이 잘못되면 잊기가 힘들다.	1	2	3	4	5	6
27. 종종 불안정감을 느낀다.	1	2	3	4	5	6
28. 좌절 후 기분을 회복하는데 오랜 시간이 걸린다.	1	2	3	4	5	6
29. 종종 압도감/압박감을 느낀다.	1	2	3	4	5	6
30. 스트레스를 받으면 몸이 아프다.	1	2	3	4	5	6
31. 다른 사람들보다 좌절을 심하게 받아들인다.	1	2	3	4	5	6
32. 종종 수치심을 느낀다.	1	2	3	4	5	6
33. 나는 걱정이 많은 사람이다.	1	2	3	4	5	6
34. 친구들이 지지해 주지 않으면 의사결정을 내리는데 확신이 서질 않는다.	1	2	3	4	5	6
35. 목표를 성취할 것이라고 확신한다.	1	2	3	4	5	6
36. 방해물을 극복할 것이라고 확신한다.	1	2	3	4	5	6
37. 내가 잘할만한 진로를 찾아낼 것이라고 확신한다.	1	2	3	4	5	6
38. 진로를 찾아낼 수 있을 것이다.	1	2	3	4	5	6
39. 노력을 한다면, 대부분의 문제를 해결해 낼 수 있다.	1	2	3	4	5	6
40. 항상 일을 생산적으로 한다.	1	2	3	4	5	6
41. 모든 것에서 뛰어나고자 노력한다.	1	2	3	4	5	6
42. 나쁜 일이 생길 때에도 계속한다.	1	2	3	4	5	6
43. 목표 달성을 위해 열심히 노력한다.	1	2	3	4	5	6

문 항	전혀 아니다	아니다	약간 아니다	약간 그렇다	그렇다	매우 그렇다
44. 나는 가치 있는 사람이다.	1	2	3	4	5	6
45. 결정을 내리기 전에 항상 심사숙고한다.	1	2	3	4	5	6
46. 대개 내가 계획한 바는 수행해 낼 수 있다.	1	2	3	4	5	6
47. 결과에 대해 철저하게 고려한다.	1	2	3	4	5	6
48. 결정을 내릴 때 정보의 진위여부를 확인한다.	1	2	3	4	5	6
49. 중요한 결정을 위해 미리 계획을 세운다.	1	2	3	4	5	6
50. 지속하기가 힘들어서 슬프다.	1	2	3	4	5	6
51. 의사결정을 할 때 일이 잘못되는 방향에 초점이 간다.	1	2	3	4	5	6
52. 다른 사람들이 나를 어떻게 생각할지가 걱정된다.	1	2	3	4	5	6
53. 쉽게 당황한다.	1	2	3	4	5	6
54. 종종 울고 싶어진다.	1	2	3	4	5	6
55. 종종 피로해지고 지친다.	1	2	3	4	5	6
56. 결정을 내릴 때 다른 사람의 격려가 필요하다.	1	2	3	4	5	6
57. 결정을 내린 뒤에 대안에 대해 생각한다.	1	2	3	4	5	6
58. 도움 없이는 결정을 내리기가 힘들다.	1	2	3	4	5	6
59. 내 문제가 사라지기만을 바란다.	1	2	3	4	5	6
60. 잠을 더 많이 자거나 적게 잔다.	1	2	3	4	5	6
61. 내게 중요한 사람이 내 계획에 반대한다.	1	2	3	4	5	6
62. 내게 중요한 사람이 내 계획에 대한 의욕을 꺾는다.	1	2	3	4	5	6
63. 내게 중요한 사람이 내 계획을 지지해 주지 않는다.	1	2	3	4	5	6
64. 나는 다른 사람들이 바라는 것과 반대로 가고 있다.	1	2	3	4	5	6
65. 내가 가진 정보가 다른 사람들이 알고 있는 내용과 모순된다.	1	2	3	4	5	6

위에서 응답한 내용에 대한 각 요인별 채점결과를 살펴보십시오.

요 인	문항	원점수	평균	표준편차	Z 점수	T 점수
선택 및 전념하는 것에 대한 불안	1~24번		87.71	19.69		
신경증 및 부적 정서	25~34번 50~60번		74.70	18.41		
준비 부족	35~49번 (모든 문항 역채점)		40.83	10.06		
대인관계에서의 갈등	61~65번		11.84	4.86		
진로미결정 총점	전체		215.07	40.16		

※Z점수계산: (원점수−평균)÷표준편차
T점수계산: 50+(10×Z점수)

* 40≤T점수≤60 :	16%≤백분위≤84%
* 30≤T점수≤70 :	2%≤백분위≤98%

진로적응성 검사

다음은 여러분의 진로적응성을 측정하기 위한 문항입니다. 각 문항을 읽고 자신의 생각과 가장 일치하는 것에 ○표 하여 주십시오.

문 항	전혀 그렇지 않다	그렇지 않다	보통 이다	그렇다	매우 그렇다
1. 나는 내가 맡은 일을 다른 사람에게 미루지 않는다.	1	2	3	4	5
2. 나는 사소한 과제라도 꾸준히 열심히 수행한다.	1	2	3	4	5
3. 나는 일을 스스로 알아서 한다.	1	2	3	4	5
4. 나는 계획한 것을 끝까지 완수한다.	1	2	3	4	5
5. 나는 주어진 과제를 기대에 맞게 적절히 처리할 수 있다.	1	2	3	4	5
6. 나는 누군가가 알아주지 않아도 맡은 일에 최선을 다한다.	1	2	3	4	5
7. 나는 주변사람들로부터 믿을 만한 사람이라는 평을 듣는다.	1	2	3	4	5
8. 나는 일을 시작하기 전에 그 일을 해야 할 이유를 명확히 한다.	1	2	3	4	5
9. 나는 추구하는 목표가 확실하다.	1	2	3	4	5
10. 나는 미래에 대한 비전과 목표를 분명하게 인식한다.	1	2	3	4	5
11. 나는 목표를 향해 착실히 준비해 나간다.	1	2	3	4	5
12. 나는 내가 무엇을 해야 하는지 잘 알고 있다.	1	2	3	4	5
13. 나는 내 분야에서 최고가 되기 위해 끊임없이 노력한다.	1	2	3	4	5
14. 나는 지금보다 더 나은 모습이 되기 위한 기준이 있다.	1	2	3	4	5
15. 나는 더 큰 목표를 위해 끊임없이 자기를 관리한다.	1	2	3	4	5
16. 나는 성공을 위해 나만의 장점을 키운다.	1	2	3	4	5
17. 나는 남과 다른 독특한 것을 생각해내는 능력이 있다.	1	2	3	4	5
18. 나는 상상력이 풍부하다.	1	2	3	4	5
19. 내가 속한 모임에서 내 아이디어가 채택되는 경우가 많다	1	2	3	4	5
20. 나는 새로운 것들을 잘 만든다.	1	2	3	4	5

문 항	전혀 그렇지 않다	그렇지 않다	보통이다	그렇다	매우 그렇다
21. 나는 문제해결을 위한 새로운 방법을 잘 생각해낸다.	1	2	3	4	5
22. 나는 실패를 무릅쓰고 내 아이디어를 실행해 본다.	1	2	3	4	5
23. 나는 유연하게 사고한다.	1	2	3	4	5
24. 나는 선·후배 사이에서 균형을 잘 맞춘다.	1	2	3	4	5
25. 나는 여러 사람들과 잘 어울린다는 평을 듣는다.	1	2	3	4	5
26. 나는 동료들과 문제를 함께 해결해 나간다.	1	2	3	4	5
27. 나는 상사와의 문제를 잘 풀어나갈 수 있다.	1	2	3	4	5
28. 나는 여러 사람들과의 의견 조율을 잘 이끌어낸다.	1	2	3	4	5
29. 나는 다른 사람들의 의견에 개방적이다.	1	2	3	4	5
30. 나는 여러 의견들을 최대한 활용한다.	1	2	3	4	5
31. 나는 다양한 문화를 편견 없이 받아들인다.	1	2	3	4	5
32. 나는 새로운 환경을 잘 받아들인다.	1	2	3	4	5
33. 나는 무엇인가를 향상시키기 위해 적극적으로 정보를 구한다.	1	2	3	4	5
34. 나는 상황을 개선하는데 적극적으로 참여한다.	1	2	3	4	5
35. 나는 새로운 상황을 창조하기 위해 솔선해서 행동한다.	1	2	3	4	5
36. 나는 모임을 주도적으로 이끌어 가려고 한다.	1	2	3	4	5
37. 나는 궂은 일을 자청해서 수행한다.	1	2	3	4	5
38. 나는 관심 직업의 직무 내용을 잘 알고 있다.	1	2	3	4	5
39. 나는 관심 분야에서 필요로 하는 전문적 기술이 무엇인지 잘 안다.	1	2	3	4	5
40. 나는 관심 분야에서 필요로 하는 전문적 기술을 가지고 있다.	1	2	3	4	5
41. 나는 직장에서 성과를 올릴 수 있는 역량을 갖추고 있다.	1	2	3	4	5
42. 지금 실패라고 생각되는 것들도 미래의 자산이 될 것이다.	1	2	3	4	5
43. 나는 시련이나 위기를 발전의 원동력으로 삼는다.	1	2	3	4	5

문 항	전혀 그렇지 않다	그렇지 않다	보통이다	그렇다	매우 그렇다
44. 나는 어차피 해야 할 일이라면 즐거운 마음으로 한다.	1	2	3	4	5
45. 나는 상황을 긍정적으로 해석한다.	1	2	3	4	5

위에서 응답한 내용에 대한 각 요인별 채점결과를 살펴보십시오.

요 인	문항	원점수	평균	표준편차	Z 점수	T 점수
책임감	1~8번		28.96	4.64		
목표의식	9~16번		26.64	5.76		
창의성	17~23번		22.05	5.04		
대인관계	24~28번		17.6	3.7		
주도성	29~32번		16.25	3.55		
직무능력	33~37번		12.56	2.96		
긍정적 태도	38~41번		14.6	3		
개방성	42~45번		15.24	2.72		
진로적응성 총점	전체		153.9	22.95		

※Z점수계산: (원점수−평균)÷표준편차
T점수계산: 50+(10×Z점수)

* 40<T점수<60 :	16%≤백분위≤84%
* 30≤T점수≤70 :	2%≤백분위≤98%

진로준비행동 검사

다음은 여러분의 진로탐색행동의 정도를 측정하는 내용입니다. 각 문항을 읽고 자신의 현재 상황과 얼마나 일치하는지 고려하여 해당되는 것에 ○표 하여 주십시오.

문 항	거의 하지 않았다	약간 하였다	어느 정도 하였다	상당히 하였다	매우 많이 하였다
1. 관심 있는 직업분야에 관한 구체적인 정보를 얻기 위하여 관련된 직장이나 기관의 담당자에게 편지나 전자 우편(E-mail)을 보냈다.	1	2	3	4	5
2. 관심 있는 분야의 직업정보를 수집하기 위하여 취업설명회나 직업박람회를 찾아가 참관하였다.	1	2	3	4	5
3. 나에게 적합한 직업을 찾기 위하여 전문 상담가에게 상담을 받았다.	1	2	3	4	5
4. 진로상담이나 워크숍, 특강에 참여하여 관심 있는 직업분야의 정보를 수집하였다.	1	2	3	4	5
5. 학과 교수님을 찾아가 관심을 두고 있는 직업이나 직장에 관하여 상의하였다.	1	2	3	4	5
6. 관심 있는 분야의 회사나 관련 기관을 직접 방문해보았다.	1	2	3	4	5
7. 취업에 관한 내용이나 관심이 있는 직업분야를 소개하는 TV프로그램을 찾아서 시청하였다.	1	2	3	4	5
8. 신문이나 잡지에서 직업을 소개한 기사나 자료를 찾아서 유심히 읽어보았다.	1	2	3	4	5
9. 인터넷에서 취업에 관한 내용이나 관심 있는 직업분야를 소개하는 동영상(VOD)을 찾아서 시청하였다.	1	2	3	4	5
10. 내가 생각하는 다양한 직업에 관한 정보를 가능한 많이 수집하려고 노력하였다.	1	2	3	4	5
11. 관심 있는 직업분야를 잘 알고 있는 사람들을 만나서 해당 분야의 고용동향이나 취업기회에 관한 정보를 수집하였다.	1	2	3	4	5
12. 관심 있는 분야에 관한 직업정보를 수집하기 위해 여러 가지 도서나 홍보물, 팜플렛 등을 읽어보았다.	1	2	3	4	5

자료 10-5

문 항	거의 하지 않았다	약간 하였다	어느 정도 하였다	상당히 하였다	매우 많이 하였다
13. 자원봉사활동, 아르바이트, 실습, 동아리활동, 인턴 등을 통해 앞으로 일하고 싶은 분야와 관련된 실전 경험을 다양하게 쌓았다.	1	2	3	4	5
14. 관심 있는 분야를 자세히 알아보기 위해 인터넷에 여러 가지 정보를 검색하여 정리하였다.	1	2	3	4	5
15. 관심 있는 직업분야에 실제 종사하는 사람들을 직접 찾아가 현장에서 하는 일에 관한 정보를 구하였다.	1	2	3	4	5
16. 나에게 적합한 직업을 찾기 위하여 대학의 취업정보센터를 방문하여 정보를 탐색하였다.	1	2	3	4	5
17. 나의 적성, 흥미, 성격 등을 정확히 알아보기 위해 심리검사를 받아보았다.	1	2	3	4	5
18. 관심 있는 분야에서 성공한 사람들의 삶을 보면서 나의 모습과 비교해 보았다.	1	2	3	4	5
19. 지난 삶을 생각하면서 앞으로의 나의 진로에 관해 생각해 보았다.	1	2	3	4	5
20. 대학의 학생생활연구소나 그 밖의 상담기관의 전문상담가를 찾아가 나의 특성과 심리적인 문제를 상담 받았다.	1	2	3	4	5
21. 형제, 자매 또는 사촌들과 나의 장단점이나 성격에 관해 이야기를 나누어보았다.	1	2	3	4	5
22. 인터넷을 이용하여 나의 적성, 흥미, 성격 등을 정확히 알아보기 위한 온라인 심리검사를 받아보았다.	1	2	3	4	5
23. 나를 이해하기 위하여 관련 세미나나 집단상담 프로그램에 참여하였다.	1	2	3	4	5
24. 인터넷을 통하여 나의 특성이나 심리적 문제에 관한 상담을 받아보았다.	1	2	3	4	5
25. 학교선배나 친구들과 나의 장단점이나 성격에 관해 이야기를 나누어보았다.	1	2	3	4	5
26. 지금까지 내가 살아온 삶을 깊이 있게 반성해 보았다.	1	2	3	4	5
27. 부모님이나 친척들과 나의 장단점이나 성격에 관해 이야기를 나누어 보았다.	1	2	3	4	5
28. 한 인간으로서의 나 자신에 관해 깊이 있게 생각해 보았다.	1	2	3	4	5

위에서 응답한 내용에 대한 각 요인별 채점결과를 살펴보십시오.

요 인	문항	원점수	평균	표준편차	Z 점수	T 점수
직업에 대한 탐색	1~16번		36.37	12.8		
자신에 대한 탐색	17~28번		33.36	9.59		
진로준비행동 총점	전체 문항		70	20.17		

※Z점수계산: (원점수–평균)÷표준편차 T점수계산: 50+(10×Z점수)	
* 40≤T점수≤60 :	16%≤백분위≤84%
* 30≤T점수≤70 :	2%≤백분위≤98%

제11장

공동체 예절

- 나의 예절 행동
- 예절, 매너, 에티켓
- 나의 대학생활 예절 체크리스트
- 공동체 예절
- 인사예절 체크리스트

학습 목표	1. 예절의 의미와 중요성을 이해할 수 있다. 2. 대학생활에서의 공동체 가치를 이해하고 기술할 수 있다. 3. 대학생활에서의 기본 생활예절(인사, 호칭, 소개, 전화, 면담, 수업)을 익힐 수 있다. 4. 대학생활에서의 의사소통 예절을 익힐 수 있다.
진행 순서	**1. 도입 활동** 1-1. 단위회기 활동목표와 진행과정을 안내한다. 1-2. 나의 예절 행동을 체크한다. 1-3. 4인 1조를 편성한다. 그리고 조장을 선발한다. **2. 본 활동** 2-1. '예절, 매너, 에티켓'의 의미와 차이를 알아본다. 2-2. '예절, 매너, 에티켓'의 의미와 차이점을 설명한다. 2-3. '대학생활 예절 체크리스트'를 실시하고, 항목점수에 따른 대처방법을 설명한다. 2-4. '공동체 예절'에 대해 살펴본다. 2-5 '공동체 예절'의 중요성을 설명한다. 2-6. '인사예절 체크리스트'를 통해 자신의 인사예절의 수준을 확인한다. 2-7. '대학생활에서의 인사예절'을 설명하고 시범을 보여준다. 2-8. '대학생활에서의 기본 생활예절'을 설명한다. 2-9. '대학생활에서의 수업예절'에 대해 설명한다. 2-10. '대학생활에서의 의사소통 예절'에 대해 설명한다. **3. 마무리 활동** 3-1. 단위회기 진행과정을 요약한다. 3-2. 단위회기 진행과정에 대한 질의응답을 한다. 3-3. 다음 회기 주제를 안내한다.
학습 자료	자료11-1. 나의 예절 행동 자료11-2. 예절, 매너, 에티켓 자료11-3. 나의 대학생활 예절 체크리스트 자료11-4. 공동체 예절 자료11-5. 인사예절 체크리스트

나의 예절 행동

예절, 매너, 에티켓

예절 **(禮節)**	
매너 **(Manner)**	
에티켓 **(Etiquette)**	

나의 대학생활 예절 체크리스트

문항	내 용	체크
1	강의실이나 열람실 책상에서 음식을 자주 먹는다.	
2	평소 음식을 먹을 때 소리를 낸다.	
3	옆자리 학생이 무엇을 하는지 궁금해서 모니터를 훔쳐본 적이 있다.	
4	다리를 떠는 습관이 있다.	
5	생각에 잠기다 보면 나도 모르는 사이 책상을 두드리는 등 소리를 낸다.	
6	향이 강한 향수를 사용하고 있다.	
7	동료가 자리를 비운 사이 그 책상에서 필기도구 등을 가져온 적이 있다.	
8	도서관이나 강의실에서 옆자리 친구와 자주 자리에 앉아서 얘기를 나눈다.	
9	휴게공간, 동아리방 등 공용공간을 사용한 후 뒷정리를 하지 않는다.	
10	공용공간에서 개인통화를 하는 경우가 많다.	
11	지각이 잦다.	
12	수업시간이나 모임시간을 잘 안 지키는 편이다	

공동체 예절

동기 간 지켜야 할 예절	
선후배 간 지켜야 할 예절	
교수에게 지켜야 할 예절	

인사예절 체크리스트

문항	점검사항	매우 그렇다	보통이다	아니다
1	인사를 공손히 한다.	10	5	0
2	항상 즐거운 마음으로 인사를 한다.	10	5	0
3	인사를 받으면 답례의 인사를 한다.	10	5	0
4	인사를 할 때 인사말을 건넨다.	10	5	0
5	인사를 할 때 눈을 마주친다.	10	5	0
6	인사를 할때는 자리에서 일어나서 한다.	10	5	0
7	복도에서 여러 번 마주칠 때마다 목례나 눈인사를 한다.	10	5	0
8	수업을 마치고 나갈 때 인사를 한다.	10	5	0
9	웃어른께 인사할 때 허리를 숙여 인사한다.	10	5	0
10	동기나 후배들에게 먼저 인사한다.	10	5	0

총점: ____________

MEMO

제12장

직업세계 이해와 미래 전망

- 직업의 의미
- 우리나라 산업과 직업의 변천사
- 없어진 직업, 없어질 직업, 생겨날 직업
- 4차 산업혁명이 직업세계에 미치는 영향
- 미래의 유망 직업 찾기

학습 목표	1. 직업과 관련된 다양한 용어를 변별할 수 있다. 2. 시대에 따른 직업의 변천사와 직업변화의 원인을 기술할 수 있다. 3. 4차 산업혁명과 직업세계의 미래를 전망할 수 있다. 4. 미래 유망 직업을 기술할 수 있다.
진행 순서	**1. 도입 활동** 1-1. 단위회기 활동목표와 진행과정을 안내한다. 1-2. 직업과 관련된 다양한 용어의 의미를 이해한다. 1-3. 직업과 관련된 용어를 정리해서 설명한다. 1-4. 4인 1조를 편성한다. **2. 본 활동** 2-1. 우리나라 산업과 직업의 변천사를 조별로 토의한다. 2-2. 우리나라 산업과 직업의 변천사의 개념을 설명한다. 2-3. 시대흐름에 따른 직업변화를 조별로 토의한다. 2-4. 시대흐름에 따른 직업변화의 원인을 설명한다. 2-5. 4차 산업혁명이 직업세계에 미치는 영향을 조별로 토의한다. 2-6. 4차 산업혁명이 직업세계의 미치는 영향을 설명한다. 2-7. 미래의 유망 직업에 대해 조별로 토의한다. 2-8. 미래에 새롭게 등장할 직업들에 대해 설명한다. **3. 마무리 활동** 3-1. 단위회기 진행과정을 요약한다. 3-2. 단위회기 진행과정에 대한 질의응답을 한다. 3-3. 다음 회기 주제를 안내한다.
학습 자료	자료12-1. 직업의 의미는? 자료12-2. 우리나라 산업과 직업의 변천사 자료12-3. 없어진 직업, 없어질 직업, 생겨날 직업 자료12-4. 4차 산업혁명이 직업세계에 미치는 영향 자료12-5. 미래의 유망 직업 찾기

직업의 의미는?

일 (work)	
직업 (vocation)	
진로 (career)	

자료 12-1

우리나라 산업과 직업의 변천사

시대구분	중심산업	유망직업
1960년대		
1970년대		
1980년대		
1990년대		
2000년대		
2010년대		
2020년대		

자료 12-2

없어진 직업, 없어질 직업, 생겨날 직업

없어진 직업	
직업명	이 유

없어질 직업	
직업명	이 유

생겨날 직업	
직업명	이 유

4차 산업혁명이 직업세계에 미치는 영향

주제	
토의 내용	

미래의 **유망 직업**

직업명	이 유	직업을 갖기 위해 준비할 것?

MEMO

제13장

나의 비전과 목표

- 나의 꿈 목록
- 비전을 설정하기 위한 마음 다지기
- 나의 비전선언문
- 나의 미래 목표 세우기
- 나의 비전과 목표를 세우면서 느낀 점

학습 목표	1. 비전의 개념, 중요성, 특성을 이해할 수 있다. 2. 자신의 비전을 구체적으로 설정할 수 있다 3. 진로목표의 중요성을 이해할 수 있다. 4. 진로목표를 구체적으로 수립할 수 있다.
진행 순서	**1. 도입 활동** 1-1. 단위회기 활동목표와 진행과정을 안내한다. 1-2. 우화를 통해 비전의 중요성에 대해 생각하는 시간을 가진다. 1-3. 2인 1조를 편성한다. **2. 본 활동** 2-1. 꿈 목록 작성을 통해 내면의 욕구를 확인한다. 2-2. 비전의 개념과 중요성을 설명하고, 유명인의 비전선언문을 살펴본다. 2-3. 비전선언문을 작성하여 비전 달성을 위한 동기를 형성한다. 2-4. 비전의 특성을 설명한다. 2-5. 비전을 토대로 진로목표를 설정해 본다. 2-6. 진로목표의 중요성을 설명한다. **3. 마무리 활동** 3-1. 단위회기 진행과정을 요약한다. 3-2. 단위회기 진행과정에 대한 질의응답을 한다. 3-3. 다음 회기 주제를 안내한다. 그리고 종료한다.
학습 자료	자료 13-1. 나의 꿈 목록 자료 13-2. 비전을 설정하기 위한 마음 다지기 자료 13-3. 나의 비전선언문 자료 13-4. 나의 미래 목표 세우기 자료 13-5. 나의 비전과 목표를 세우면서 느낀 점

나의 꿈 목록

비전을 설정하기 위한 마음 다지기

내가 만약 지금보다 더 어리다면 무엇을 하고 싶은가?	
돈이나 상황에 구애받지 않고 살수 있다면, 무엇을 사고 싶은가?	
살아가면서 꼭 이루고 싶은 것은 무엇인가?	
자신의 롤 모델에게 하고 싶은 말은? (롤 모델이 없다면 지금 생각해서 작성해보자)	
죽은 후 자신의 비문에 남기고 싶은 세 가지는?	

자료 13-2

나의 **비전 선언문**

작성자:__________ **작성일:**__________

※ 나의 비전 (가능한 압축하여 한 문장으로 표현)

나의 **미래 목표** 세우기

나의 비전	
20 년 후 (　　)세	
10 년 후 (　　)세	
3 년 후 (　　)세	
1 년 후 (　　)세	

나의 비전과 **목표**를 세우면서 느낀 점

MEMO

제14장

나의 진로계획

- 나의 진로계획에 영향을 주는 인물
- 나의 특성 이해
- 직업 및 취업정보를 알아볼 수 있는 사이트
- 직업 및 자격정보 조사하기
- 나의 진로선택
- 나의 진로계획
- 대학생활 행동계획

학습 목표	1. 진로계획에서 자기이해의 중요성을 파악한다. 2. 자기이해를 토대로 진로선택을 할 수 있다. 3. 진로계획을 구체적으로 수립할 수 있다.
진행 순서	**1. 도입 활동** 1-1. 단위회기 활동목표와 진행과정을 안내한다. 1-2. 진로계획에 영향을 주는 인물을 생각해본다. 1-3. 2인 1조를 편성한다. **2. 본 활동** 2-1. '나의 특성 이해' 를 정리해 본다. 2-2. 진로계획에서 자기이해의 중요성을 설명한다. 2-3. 직업정보와 취업정보 사이트를 이용하여 직업정보를 조사한다. 2-4. 자기이해와 직업정보를 바탕으로 진로선택을 구체화한다. 2-4. 나의 진로계획 및 대학생활 행동계획을 구체적으로 작성한다. **3. 마무리 활동** 3-1. 단위회기 진행과정을 요약한다. 3-2. 단위회기 진행과정에 대한 질의응답을 한다. 3-3. 다음 회기 주제를 안내한다. 그리고 종료한다.
학습 자료	자료14-1. 나의 진로계획에 영향을 주는 인물 자료14-2. 나의 특성 이해 자료14-3. 직업 및 취업정보를 알아볼 수 있는 사이트 자료14-4. 직업 및 자격정보 조사하기 자료14-5. 나의 진로선택 자료14-6. 나의 진로계획 자료14-7. 대학생활 행동계획

나의 진로계획에 영향을 주는 인물

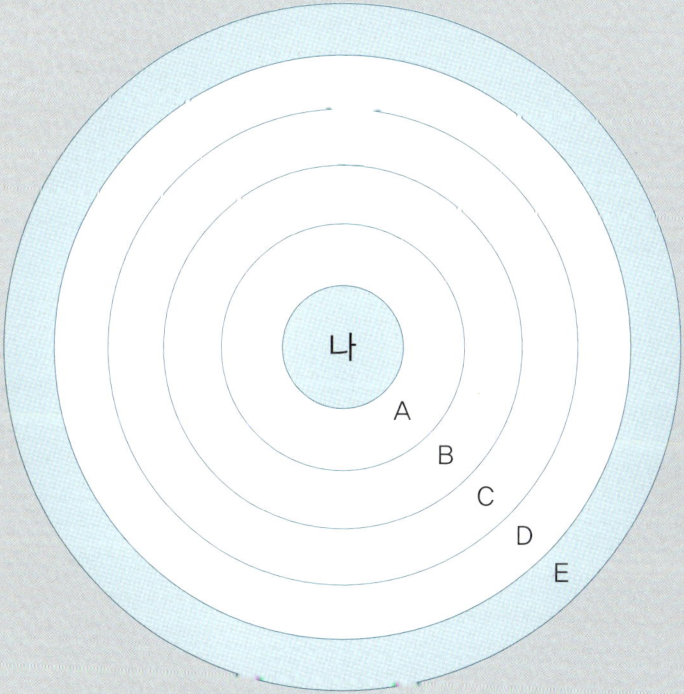

나의 **특성 이해**

자기이해영역	결과 요약 및 정리	적합한 직업
적성		
흥미		
성격		
가치관		
의사결정		
가족		
기타		
종합적 의견		

직업 및 취업정보를 알아볼 수 있는 사이트

?

직업정보를 알아볼 수 있는 사이트

사이트 이름 및 주소	직업에 관한 정보	기타
한국직업정보시스템 http://know.work.go.kr	직업에 다양한 정보 수량화, 진로선택과 직업훈련 및 직업상담	–
한국산업인력공단 http://www.hrdkorea.or.kr	다양한 직업훈련정보, 국가공인 자격증 취득 관련 정보	학과정보 직업정보
잡플랜21 http://www.jobplan21.co.kr	직업설계에 대한 다양한 안내, 산업별 직업 종류 및 정보	직업정보
한국직업능력개발원 커리어넷 http://www.careernet.re.kr	직업진로 정보망, 직업사전, 학교, 학과, 자격증 정보, 진로상담	직업정보

직업정보를 알아볼 수 있는 사이트

사이트 이름 및 주소	직업에 관한 정보	기타
한국고용정보원 워크넷 http://www.work.go.kr	고용정보 시스템, 취업정보, 직업훈련, 실업대책, 해외취업 및 고용보험 안내	–
잡코리아 http://www.jobkorea.co.kr	업종별, 직종별, 직업별, 아르바이트, 헤드헌팅, 인재파견, 연봉안내	–
월드 잡 http://www.worldjob.or.kr	해외구인 수요에 적합한 직종에 대한 해외 취업 서비스 지원	–

특정 분야 포털 사이트	취업 커뮤니티
미디어잡(매스컴 분야) http://www.meadiajob.eo.kr	취업 뽀개기 http://cafe.daum.net/breakjob
패션스카우트(패션분야) http://www.fashionscout.co.kr	취업박살내기 http://cafe.naver.com/jobbreak2
샵마넷(유통분야) http://www.shopma.net	

직업 및 자격정보 조사하기

<table>
<tr><th>직업명</th><th colspan="2"></th></tr>
<tr><th>조사항목</th><th colspan="2">내 용</th></tr>
<tr><td rowspan="2">요구되는 학력수준
전공/학과</td><td colspan="2">학력수준</td></tr>
<tr><td colspan="2">전공/ 학과</td></tr>
<tr><td rowspan="4">자격조건</td><td colspan="2">1.</td></tr>
<tr><td colspan="2">2.</td></tr>
<tr><td colspan="2">3.</td></tr>
<tr><td colspan="2">4.</td></tr>
<tr><td>훈련기관 및 기간</td><td colspan="2"></td></tr>
<tr><td>필요한 자격, 학력,
조건 등 취득 후
취업가능성</td><td colspan="2">①매우 쉽다 ②쉽다 ③보통이다 ④어렵다 ⑤매우 어렵다
(최근 2~3년간 취업경쟁률을 고려하여 작성)</td></tr>
<tr><td rowspan="4">일의 특성</td><td colspan="2">1.</td></tr>
<tr><td colspan="2">2.</td></tr>
<tr><td colspan="2">3.</td></tr>
<tr><td colspan="2">4.</td></tr>
<tr><td>근무환경
(근무시간, 근무조건)</td><td colspan="2"></td></tr>
<tr><td rowspan="3">경제적 소득</td><td>수련기간(견습/실습)</td><td>월평균 (　　만원)</td></tr>
<tr><td>초봉</td><td>월평균 (　　만원)</td></tr>
<tr><td>10년 경력</td><td>월평균 (　　만원)</td></tr>
<tr><td>이 직업의 장점</td><td colspan="2"></td></tr>
<tr><td>이 직업의 단점</td><td colspan="2"></td></tr>
<tr><td>4차산업혁명시대의
해당 직업 전망</td><td colspan="2">①매우 밝다 ②밝다 ③보통이다 ④어둡다 ⑤매우 어둡다</td></tr>
<tr><td>정보검색 경로</td><td colspan="2"></td></tr>
</table>

나의 **진로 선택**

기준 \ 대안		1안:	2안:	3안:
나	흥미			
	적성			
	성격			
	가치관			
직업	취업의 용이성			
	경제적, 심리적 보상			
	전망			
	기타 (가정환경 등)			
합계				
결과에 대한 나의 생각				

자료 14-5

나의 **진로 계획**

나의 진로목표			
나의 미래 모습	**연도**	**직책**	**비고**
대학에서 준비할 사항	**필요항목**	**필요한 수준**	**전략**
	학점		
	영어		
	자격증		
	봉사활동		
	수상(공모전 등)		
	기타		

대학생활 행동계획

<table>
<tr><th colspan="2">구분</th><th>행동계획</th></tr>
<tr><td rowspan="4">1학년</td><td>1학기</td><td></td></tr>
<tr><td>여름방학</td><td></td></tr>
<tr><td>2학기</td><td></td></tr>
<tr><td>겨울방학</td><td></td></tr>
<tr><td rowspan="4">2학년</td><td>1학기</td><td></td></tr>
<tr><td>여름방학</td><td></td></tr>
<tr><td>2학기</td><td></td></tr>
<tr><td>겨울방학</td><td></td></tr>
<tr><td rowspan="4">3학년</td><td>1학기</td><td></td></tr>
<tr><td>여름방학</td><td></td></tr>
<tr><td>2학기</td><td></td></tr>
<tr><td>겨울방학</td><td></td></tr>
<tr><td rowspan="4">4학년</td><td>1학기</td><td></td></tr>
<tr><td>여름방학</td><td></td></tr>
<tr><td>2학기</td><td></td></tr>
<tr><td>겨울방학</td><td></td></tr>
<tr><td rowspan="4">5학년</td><td>1학기</td><td></td></tr>
<tr><td>여름방학</td><td></td></tr>
<tr><td>2학기</td><td></td></tr>
<tr><td>겨울방학</td><td></td></tr>
</table>

MEMO

제15장

행복한 대학생활

- 나를 행복하게 만드는 사건들
- 성격강점 검사
- 성격강점 하위요인
- 나의 성격강점과 활용계획
- 가장 행복한 20년 후의 내 모습
- 감사하기
- 감사편지 쓰기

학습 목표	1. 행복의 개념에 대해 정의할 수 있다. 2. 행복증진활동의 중요성에 대해 인식할 수 있다. 3. 성격강점에 대해 이해하며 자신의 성격강점을 기술할 수 있다. 4. 낙관성에 대해 이해하며 미래에 대해 긍정적인 예상을 할 수 있다. 5. 감사에 대해 이해하며 감사를 증진시킬 수 있다.
진행 순서	**1. 도입 활동** 1-1. 단위회기 활동목표, 진행과정을 안내한다. 1-2. 4인 1조로 조를 편성하고 조장을 선발한다. 1-3. '나를 행복하게 만드는 사건들'에 대한 활동을 실시한다. **2. 본 활동** 2-1. '행복의 정의'에 대해 설명한다. 2-2. '나의 강점 찾기'에 대한 활동을 실시한다. 2-3. '가장 행복한 20년 후의 나의 모습'에 대한 활동을 실시한다. 2-4. '감사하기'에 대한 활동을 실시한다. 2-5. '감사 편지 쓰기' 활동을 실시한다. **3. 마무리 활동** 3-1. 단위회기 진행과정을 요약한다. 3-2. 단위회기 진행과정에 대한 질의응답을 한다. 3-3. 다음 회기 주제를 안내한다. 그리고 종료한다.
학습 자료	자료15-1. 나를 행복하게 만드는 사건들 자료15-2. 성격강점 검사 자료15-3. 성격강점 하위요인 자료15-4. 나의 성격강점과 활용계획 자료15-5. 가장 행복한 20년 후의 내 모습 자료15-6. 감사하기 자료15-7. 감사편지 쓰기

나를 행복하게 만드는 사건들

당신을 행복하게 만드는 사건들을 떠올려 보십시오. 맛있는 음식을 먹을 때, 친구들과 수다를 떨 때, 다른 사람에게 칭찬을 받을 때와 같이 크고 작은 많은 사건들이 여러분을 행복하게 만들 것입니다. 생각나는 대로 기록해 주세요.

1. __________
2. __________
3. __________
4. __________
5. __________
6. __________
7. __________
8. __________
9. __________
10. __________

자료 15-1

성격강점 검사

각 문항을 주의 깊게 읽고, 당신의 개인적 성향과 얼마나 일치하는지를 잘 판단하여 솔직하게 응답해 주세요. 응답할 때는 가장 적절한 숫자에 ○표 해 주십시오.

문 항	전혀 그렇지 않다	그렇지 않다	보통 이다	그렇다	매우 그렇다
1. 나는 새롭고 독창적인 것을 받아들일 준비가 되어 있다.	1	2	3	4	5
2. 재미있는 것을 하느라 지루할 틈이 없다.	1	2	3	4	5
3. 중요한 결정을 내릴 때는 항상 충분한 근거를 찾는다.	1	2	3	4	5
4. 무언가를 새롭게 배울 때, 나는 그것에 관한 서적을 구입해 읽어보곤 한다.	1	2	3	4	5
5. 나는 항상 내 인생에서 가장 중요한 것을 염두에 두고 있다.	1	2	3	4	5
6. 내 부족한 점도 수용해주는 사람들이 있다.	1	2	3	4	5
7. 나는 다른 사람들에게 기쁨을 주는 것을 좋아한다.	1	2	3	4	5
8. 친구들은 나에 대해 사교술이 뛰어나다고 평가한다.	1	2	3	4	5
9. 나는 위험을 모면하기 위해 비겁한 행동을 하지 않는다.	1	2	3	4	5
10. 하나의 목표를 향해서 매진할 때 나는 행복을 느낀다.	1	2	3	4	5
11. 나는 나의 모습을 있는 그대로 다른 사람에게 보여준다.	1	2	3	4	5
12. 나는 매일 아침을 활력 넘치게 시작한다.	1	2	3	4	5
13. 누가 나에게 불쾌한 일을 하더라도 쉽게 잊어버리는 편이다.	1	2	3	4	5
14. 겸손한 태도는 나의 장점 중 하나이다.	1	2	3	4	5
15. 나는 깊이 생각한 후에 말하는 편이다.	1	2	3	4	5
16. 나는 규율을 잘 지키는 편이다.	1	2	3	4	5

문 항	전혀 그렇지 않다	그렇지 않다	보통이다	그렇다	매우 그렇다
17. 내가 속한 집단의 결정을 존중하는 것이 내게 중요하다.	1	2	3	4	5
18. 나는 모든 사람을 동등하게 대하려고 노력한다.	1	2	3	4	5
19. 나는 어떤 모임에서든지 리더가 되는 경향이 있다.	1	2	3	4	5
20. 다른 사람들이 무심코 지나치는 대상에서 아름다움을 발견한다.	1	2	3	4	5
21. 나는 인생에서 많은 축복을 받았다.	1	2	3	4	5
22. 현재 어려움을 겪고 있더라도, 나는 미래에 대해서 희망적이다.	1	2	3	4	5
23. 나는 무슨 말을 하든지 유머를 곁들이려고 노력한다.	1	2	3	4	5
24. 나는 현재 종교적 수행(명상, 기도 등)을 한 가지 이상 하고 있다.	1	2	3	4	5
25. 나는 어떤 일을 하든지 새로운 방식으로 하고 싶다.	1	2	3	4	5
26. 일상의 사소한 일에도 흥미를 느낄 때가 많다.	1	2	3	4	5
27. 나는 합리적으로 생각하는 내 능력을 가치 있게 생각한다.	1	2	3	4	5
28. 새로운 것을 배울 때는 몹시 흥분된다.	1	2	3	4	5
29. 나는 항상 사물을 전체적인 조망에서 바라본다.	1	2	3	4	5
30. 나는 다른 사람들과 편하게 감정을 교류한다.	1	2	3	4	5
31. 나는 낙담한 사람을 보면 기분을 북돋아 주려고 노력한다	1	2	3	4	5
32. 나는 사람들을 설득하는 능력을 지니고 있다.	1	2	3	4	5

문 항	전혀 그렇지 않다	그렇지 않다	보통이다	그렇다	매우 그렇다
33. 비겁한 사람을 보면 나는 소리 높여 항의한다.	1	2	3	4	5
34. 내가 지금까지의 성취를 이룬 것은 열심히 노력했기 때문이다.	1	2	3	4	5
35. 솔직한 행동과 말은 나의 장점이다.	1	2	3	4	5
36. 친구들은 나와 함께 있으면 활력이 전해진다고 한다.	1	2	3	4	5
37. 나는 다른 사람에게 복수를 꾀하지 않는다.	1	2	3	4	5
38. 나 잘난 맛에 으스대지 않으려고 노력한다.	1	2	3	4	5
39. 내 친구들은 나의 선택이 현명하다고 이야기한다.	1	2	3	4	5
40. 앞으로 할 일의 계획을 세우고 잘 지키는 편이다.	1	2	3	4	5
41. 집단의 이익을 위해서라면 나 개인의 이익을 기꺼이 희생한다.	1	2	3	4	5
42. 가까운 사이라고 해서, 그에게 특별한 혜택을 주지는 않는다.	1	2	3	4	5
43. 나는 집단에서 모든 구성원이 소속감을 느끼도록 애쓴다.	1	2	3	4	5
44. 나는 자연의 아름다움을 느끼며 살아간다.	1	2	3	4	5
45. 나를 돌보아주는 사람에게 항상 감사의 인사를 전한다.	1	2	3	4	5
46. 나는 언제나 잘 될 것이라고 생각한다.	1	2	3	4	5
47. 나는 다른 사람들을 웃게 하면서 만족감을 느낀다.	1	2	3	4	5
48. 나는 절대적인 힘 또는 신의 존재를 믿는다.	1	2	3	4	5

성격강점 하위요인

성격강점 검사의 하위요인에 대한 설명을 읽어보십시오. 그리고 왼쪽에 나타난 문항의 번호를 참고하여 각 하위요인별로 자신의 총점을 산출하여 기록해 주세요.

	성격강점		문항1		문항2		총점
1	창의성	어떤 일을 하면서 새롭고 생산적인 방식으로 생각하고 행동하는 능력	1번	점	25번	점	점
2	호기심	현재 주변에서 일어나고 있는 다양한 경험 자체에 흥미를 가지고 탐구하는 성향	2번	점	26번	점	점
3	개방성	어떤 결정을 내릴 때 그 사안과 관련된 사안들을 편견 없이 고루 받아들일 수 있는 능력	27번	점	29번	점	점
4	학구열	새로운 기술, 지식, 정보 등을 습득하려고 노력하는 자세	4번	점	28번	점	점
5	지혜	삶을 바라보는 방식에 있어서 자신과 타인 모두에게 긍정적 영향을 미칠 수 있는 안목	5번	점	39번	점	점
6	사랑	타인과의 친밀감을 중요하게 생각하고 이를 이루기 위해서 노력을 다하는 사람	6번	점	30번	점	점
7	친절성	타인을 위해 호의를 베풀려고 하고 다른 사람을 도우려는 자세	7번	점	31번	점	점
8	사회지능	자신과 타인의 감정과 동기를 잘 파악하며 다양한 사회적 상황에 적절히 대처하는 능력	8번	점	32번	점	점
9	용감성	위험이나 도전에 굴하지 않고 이를 이겨내며 신념에 따라 행동하려는 태도	9번	점	33번	점	점
10	끈기	일단 시작한 일을 어떤 어려움과 역경이 있더라도 끝까지 지속하여 이루어내는 능력	10번	점	34번	점	점
11	진실성	자신의 실제 모습을 꾸미거나 감추지 않고 타인에게 솔직하게 드러내는 태도	11번	점	35번	점	점
12	활력	일상생활에서 활기를 느끼며 대부분의 활동에 적극적으로 임하는 태도	12번	점	36번	점	점

	성격강점		문항1		문항2		총점
13	용서	자신에게 피해나 고통을 준 사람을 미워하지 않고 이해하며 기회를 제공하는 태도	13번	점	37번	점	점
14	겸손	자신의 성공에 대해 떠벌이지 않고 스스로를 특별한 존재로 여기지 않는 태도	14번	점	38번	점	점
15	신중성	선택상황에서 조심스럽게 접근하여 나중에 후회할 일을 하지 않는 능력	3번	점	15번	점	점
16	자기조절	자신의 감정과 행동을 잘 통제하여 규율과 규칙에 어긋나는 행동을 하지 않는 능력	16번	점	40번	점	점
17	시민정신	자신이 속한 사회나 조직의 이익을 개인의 이익에 우선시하는 태도	17번	점	41번	점	점
18	공정성	사견이나 사익을 버리고 모든 사람을 공평하고 균등하게 대하려는 태도	18번	점	42번	점	점
19	리더십	집단 활동을 잘 조직화하고 집단 활동이 잘 유지될 수 있도록 관리하는 능력	19번	점	43번	점	점
20	감상력	아름다움, 탁월함, 위대함을 일상생활에서 찾아내고 이를 만끽하는 능력	20번	점	44번	점	점
21	감사	일상에서 긍정적인 일을 알아차리고 이에 대해 고마운 마음을 갖는 능력	21번	점	45번	점	점
22	낙관성	미래에 긍정적인 일이 발생할 것을 예상하고 이를 위해 노력하는 태도	22번	점	46번	점	점
23	유머	다른 사람에게 즐거움을 전달해 주는 일을 즐기는 태도	23번	점	47번	점	점
24	영성	인생의 궁극적 목표와 의미에 대한 신념을 지속적으로 갖는 태도	24번	점	48번	점	점

나의 **성격강점**과 **활용계획**

강점검사의 하위요인들 중 가장 총점이 높은 강점 다섯 가지를 기록하고 자신의 강점을 어떻게 활용할 수 있을지 계획해 보세요.

	성격강점	활용 계획
1		
2		
3		
4		
5		

자료 15-4

가장 행복한 20년 후의 내 모습

20년 후 여러분의 모습을 상상해 보십시오. 가장 긍정적이고 행복한 자신의 모습을 떠올려보세요. 가능한 한 구체적으로 어디에서 누구와 무엇을 하고 있는지 아래에 기록해 보십시오.

감사하기

우리에게 주어진 아주 작은 것들도 생각해보면 얼마나 큰 축복이요 감사한 일인지 모릅니다. 여러분에게 감사하게 여겨지는 것 세 가지를 생각해 보십시오. 그리고 감사한 일을 생생하게 떠올리면서 누구에게 무엇이 어떻게 감사한지 육하원칙을 사용하여 구체적으로 적어보세요.

1	
2	
3	

감사편지 쓰기

지금까지 살아오면서 마음으로 감사함을 느꼈지만 아직 제대로 고마움의 마음을 전달하지 못했던 분이 있는지요? 그분에게 편지를 쓰도록 합니다. 그 분에게 어떤 도움을 받았는지, 그 분의 도움으로 인하여 여러분이 어떻게 어려움을 극복할 수 있었는지에 대해 자세히 적어주면 됩니다.

감사대상	
감사내용	
자신에게 주는 의미	

자료 15-7

제16장

스트레스

- 대학생 스트레스 질문지
- 대학생이 경험하는 스트레스
- 스트레스 개념정의
- 외적 사건과 스트레스
- 스트레스 반응
- 지지체계와 지지자

학습 목표	1. '스트레스'를 개념정의할 수 있다. 2. '자신의 스트레스 반응'을 기술할 수 있다. 3. '자신의 지지체계와 지지자'를 기술할 수 있다.
진행 순서	**1. 도입 활동** 1-1. 단위회기 활동목표, 진행과정을 안내한다. 1-2. 4인 1조로 조를 편성한다. 1-3. '대학생 스트레스 질문지'를 작성한다. **2. 본 활동** 2-1. 대학생 스트레스 실태와 스트레스 교육 필요성에 대해 설명한다. 2-2. 스트레스 개념에 대해 설명한다. 2-3. 극한 사건, 생활변화 사건, 잔일거리 사건에 대해 설명한다. 2-4. 스트레스 반응에 대해 설명한다. 2-5. 지지체계에 대해 설명한다. **3. 마무리 활동** 3-1. 단위회기 진행과정을 요약한다. 3-2. 단위회기 진행과정에 대한 질의응답을 한다. 3-3. 다음 회기 주제를 안내한다. 그리고 종료한다.
학습 자료	자료16-1. 대학생 스트레스 질문지 자료16-2. 대학생이 경험하는 스트레스 자료16-3. 스트레스 개념정의 자료16-4. 외적 사건과 스트레스 자료16-5. 스트레스 반응 자료16-6. 지지체계와 지지자

대학생 스트레스 질문지

영역	정도
진로·취업 스트레스	0 1 2 3 4 5 6 7 8 9 10 전혀 없다 보통 매우 많다
공부·수강 스트레스	0 1 2 3 4 5 6 7 8 9 10 전혀 없다 보통 매우 많다
가족관계 스트레스	0 1 2 3 4 5 6 7 8 9 10 전혀 없다 보통 매우 많다
이성관계 스트레스	0 1 2 3 4 5 6 7 8 9 10 전혀 없다 보통 매우 많다
기타 대인관계 스트레스	0 1 2 3 4 5 6 7 8 9 10 전혀 없다 보통 매우 많다
돈·경제적 스트레스	0 1 2 3 4 5 6 7 8 9 10 전혀 없다 보통 매우 많다
외모·건강 스트레스	0 1 2 3 4 5 6 7 8 9 10 전혀 없다 보통 매우 많다
가사노동·알바 스트레스	0 1 2 3 4 5 6 7 8 9 10 전혀 없다 보통 매우 많다
총점	

대학생들이 경험하는 스트레스

대학시설과 기관 이용하기

대학이나 단대나 학과의 행사 참여하기

공부하기와 수강하기

시험보기와 성적받기

진로 의사결정하기

취업 준비하기

가족관계 갈등

이성교제와 갈등

친구 및 선후배 관계와 갈등

교수학생 관계와 갈등

경제적 문제

아르바이트

부모로부터 경제적, 심리적, 사회적 독립

스트레스 개념정의

스트레스란 무엇일까?

외부자극 스트레스는 개인을 압박하는 외적 사건이나 자극이다.

자극반응 스트레스는 개인을 압박하는 외적 사건(또는 자극) 속에서 압박받는 내적 반응상태이다.

상호작용 스트레스는 압박하는 외적 사건(또는 자극)과 압박받는 내적 반응상태와 기타 관련 요인들 간의 상호작용을 하는 역기능적 상태이다.

외적 사건과 스트레스

극한사건

개인의 생존을 위협하는 극한의 사건

[예] 지진, 해일, 산사태, 태풍, 홍수, 전쟁, 테러, 심한 폭력과 고문, 교통사고, 화재

- 당신은 극한 사건을 경험하였습니까?

- 경험 했다면, 구체적으로 어떤 극한 사건을 경험하였습니까?

- 당신이 경험한 극한 사건이 당신에게 어떤 영향을 주었습니까?

생활변화 사건

개인의 기존 일상생활 항상성을 파괴하여 새로운 생활변화를 요구하는 사건

[예] 가족의 죽음, 자신이나 가족의 신체질병이나 상해, 애인과 이별, 수감, 임신, 가족갈등, 애인과 갈등, 학업중단, 휴학, 이사, 시험, 과락, 분실이나 손실 사건

- 과거, 당신은 어떤 생활변화 사건을 경험하였습니까?

- 현재, 당신은 어떤 생활변화 사건을 경험하고 있습니까?

- 당신이 경험한 생활변화 사건이 당신에게 어떤 영향을 주었습니까?

잔일거리 사건

개인이 원하지 않고 싫어하는 잔일거리 처리에 대한 압박이
빈번하게 그리고 오랫동안 지속되면서 압박이 누적되어 온 사건

[예] 아침마다 잠을 깨우는 일로 엄마와 실랑이하기, 매일 지하철에서 자리 차지하기 경쟁하기, 원수가 된 이전 애인과 수업 같이 듣기, 매일 알바 사장의 잔소리 듣기, 밤마다 굉음을 내면서 지나가는 차로 인해 잠을 설치기

- 과거, 당신은 어떤 잔일거리 사건을 경험하였습니까?

- 현재, 당신은 어떤 잔일거리 사건을 경험하고 있습니까?

- 당신이 경험한 잔일거리 사건이 당신에게 어떤 영향을 주었습니까?

스트레스 반응

최근 경험했거나 경험하고 있는 스트레스 사건

당신이 경험했거나 경험하고 있는 생활변화 사건이나 잔일거리 사건은 무엇입니까?

스트레스 사건 속에서의 자신의 스트레스 반응

신체반응 : 당신은 신체적 측면에서, 어떤 스트레스 반응을 하였습니까?

마음반응 : 당신은 마음 측면에서, 어떤 스트레스 반응을 하였습니까?

행동반응 : 당신은 행동 측면에서, 어떤 스트레스 반응을 하였습니까?

자신의 스트레스 반응에 대한 평가

정적 반응 : 당신의 반응 중에 기능적인 반응(신체,마음,행동)은 무엇입니까?

부적 반응 : 당신의 반응 중에 역기능적인 반응(신체,마음,행동)은 무엇입니까?

지지체계와 지지자

지지체계

신체적 심리적 사회적으로 넘어지지 않게 지지해 주는 체계

당신이 힘들 때
당신에게 무조건적 지지자가 되어주는 사람은 누구입니까?

당신은 누구누구에게 무조건적 지지자가 되어주십니까?

제17장

학업관리

- 빙고게임
- ‘공부’와 ‘학업’의 개념 정의
- ‘학습스타일’ 체크리스트
- 학습스타일별 효과적인 학습법
- 학습계획서

학습 목표	1. '공부'의 개념을 기술할 수 있다. 2. '학업'의 개념을 기술할 수 있다. 3. '학습스타일'을 변별할 수 있다. 4. '학습계획서'를 작성할 수 있다.
진행 순서	**1. 도입 활동** 1-1. 단위회기 활동목표, 진행과정을 안내한다. 1-2. '공부'로 빙고게임을 진행한다. 1-3. '공부'와 '학업'의 개념을 안내한다. **2. 본 활동** 2-1. 학습스타일을 설명한다. 2-2. 학습스타일별로 모여서 효과적인 학습법을 토의하게 한다. 2-3. 학습스타일별 효과적인 학습법을 정리해 준다. 2-4. 학습계획서를 작성하고 EDWARD 시스템에 탑재하게 한다. **3. 마무리 활동** 3-1. 단위회기 진행과정을 요약한다. 3-2. 단위회기 진행과정에 대한 질의응답을 한다. 3-3. 다음 회기 주제를 안내한다. 그리고 종료한다.
학습 자료	자료17-1. 빙고게임 자료17-2. '공부'와 '학업'의 개념 정의 자료17-3. '학습스타일' 체크리스트 자료17-4. 학습스타일별 효과적인 학습법 자료17-5. 학습계획서

빙고게임

공부와 학습 개념정의

공부(工夫)란 무엇인가?

공부의 사전적 정의 (국립국어원, 2018)

1. 학문이나 기술을 배우고 익힘

학업(學業)이란 무엇인가?

학업의 사전적 정의 (국립국어원, 2018)

1. 공부하여 학문을 닦는 일
2. 주로 학교에서 일반 지식과 전문지식을 배우기 위하여 공부하는 일

자료 17-2

학습스타일 체크리스트

이 검사는 여러분이 자주 사용하는 학습 스타일을 파악하여 보다 능률적으로 공부하는데 필요한 여러 가지 도움을 주기 위해서 만들어진 학습 스타일 검사입니다. 학습 스타일은 사람마다 다르므로 이 검사에서는 맞는 답과 틀린 답이 없으며 또한 좋은 답과 나쁜 답이 없습니다. 검사 문항을 잘 읽고 솔직하고 성실하게 답하면 됩니다.

응답방법은 각 질문과 응답 란을 읽고 가장 맞는 답에 동그라미를 치십시오. 어떤 것은 답하기 어려운 부분도 있겠지만 여러분이 평상시 공부할 때 가장 자주하고 편안하게 느끼는 행동 한 가지를 답하시면 됩니다.

1. 내가 수업내용을 가장 많이 기억하는 경우는:

ㄱ. 노트필기를 하지는 않았지만 선생님 아주 가까이 수업을 들은 경우

ㄴ. 교실 앞쪽에 앉아서 선생님을 보면서 수업을 한 경우

ㄷ. 필기를 한 경우(나중에 필기내용을 읽었거나 읽지 않았던 간에)

2. 나는 보통 다음과 같은 방법으로 문제를 해결한다:

ㄱ. 나 자신이나 친구에게 말함으로써

ㄴ. 목록이나 계획표를 작성하는 등 정리되고 체계적인 방법을 통해서

ㄷ. 산책하거나 신체적 활동을 통해서

3. 나는 전화번호를 적을 수 없는 경우 다음과 같은 방법으로 기억한다:

ㄱ. 반복해서 번호를 '말함'으로써

ㄴ. 마음속에 번호를 '그려보거나 상상함'으로써

ㄷ. 탁자나 벽에 손가락으로 번호를 '써봄'으로써

4. 이렇게 하면 새로운 것을 배우는 것이 쉽다:

ㄱ. 어떻게 하는지에 대해 설명하는 것을 들을 때

ㄴ. 어떻게 하는지 직접 시범을 보여줄 때

ㄷ. 내가 직접 해볼 때

5. 나는 영화의 이런 내용이 가장 잘 기억난다:

ㄱ. 주인공이 한 말, 효과음이나 배경음악

ㄴ. 장소, 장면과 의상

ㄷ. 영화를 보면서 느낀 점

6. 나는 문방구나 가게에 갈 때면:

ㄱ. 구입할 물건 목록을 마음속이나 입으로 반복해서 중얼거리면서 간다.

ㄴ. 뭐가 필요한지 살펴보기 위해 가게 안을 왔다 갔다 한다.

ㄷ. 보통 집에서 나올 때 구입해야 할 물건의 목록을 외우고 있다.

7. 나는 지금 어떠한 일을 기억하려고 한다. 그래서 나는:

ㄱ. 그 당시에 있었던 이야기나 소리들을 다시 마음속에서 들으려 한다.

ㄴ. 일어난 일들을 머릿속에서 다시 그려본다.

ㄷ. 그 내용들이 내게 어떤 기분을 들게 했는지 느껴본다.

8. 나는 이렇게 하면 영어를 가장 잘 배운다:

ㄱ. 테이프를 듣는다

ㄴ. 써 보거나 학습장을 이용해서 적어본다.

ㄷ .수업에서 다른 친구들과 함께 말해보고 글로 쓰고 읽는다.

9. 단어의 글자가 맞는지 아리송할 때;

ㄱ. 소리 내어 말해 본다.

ㄴ. 마음속에서 단어를 그려본다.

ㄷ. 단어의 글자를 여러 번 써보고 맞는다고 생각되는 것을 선택한다.

10. 나는 이런 글을 읽을 때 가장 재미있다고 생각한다:

ㄱ. 주인공들 사이의 대화

ㄴ. 장면을 상상할 수 있도록 묘사하는 글

ㄷ. 처음부터 주인공의 행동이 활발하게 나타난 글

11. 내가 보통 만났던 사람들에 대해 기억해 내는 것은:

ㄱ. 이름(얼굴은 잊어버리고)

ㄴ. 얼굴(이름은 잊어버리고)

ㄷ. 독특한 버릇, 신체 동작 등

12. 나를 가장 힘들게 하는 것은:

ㄱ. 소음

ㄴ. 사람들

ㄷ. 주위 환경(온도, 책상이나 의자가 편한가 등등)

13. 나는 보통 옷을:

ㄱ. 꽤 잘 입는 편이다(하지만 옷이 내게 그리 중요하지는 않다).

ㄴ. 단정하게 입는 편이다(한 가지 스타일로)

ㄷ. 편안히 입는다(그래서 쉽게 움직일 수 있다).

14. 할 일도 없고 앉아서 책을 읽을 수도 없을 때 나는:

ㄱ. 친구랑 이야기를 한다.

ㄴ. TV를 보거나 창밖을 내다본다.

ㄷ. 의자나 침대에서 가볍게 움직여 본다.

1. 당신이 각 문제에서 ㄱ,ㄴ,ㄷ에 답한 개수를 각각 세어서 아래에 적으십시오.

ㄱ.________________개

ㄴ.________________개

ㄷ.________________개

2. 가장 많이 답한 개수의 스타일이 여러분의 학습스타일이 됩니다.

ㄱ. 청각적인 학습스타일 (들음으로써 가장 잘 배운다)

ㄴ. 시각적인 학습스타일 (봄으로써 가장 잘 배운다)

ㄷ. 신체감각적 학습스타일 (만지고 조작해보고 움직여 봄으로써 가장 잘 배운다)

출처 : 권창미, 송창백(2016). 대학생의 자기계발을 위한 대학생활과 진로탐색. 학지사.

효과적인 **학습법**

1. ______________ 학습스타일 특성

2. ______________ 학습스타일의 효과적인 학습법

학습계획서

EDWARD 시스템에 탑재되어 있는 양식을 활용해서 학습계획서를 작성해 봅시다.

진학 동기 (전공 선택 이유)	
졸업 후 진로	
대학 재학 中 학업성취목표	

자료 17-5

MEMO

제18장

대학 동아리

- 30초 테스트
- 모임, 동아리, 동호회, 단체, 조직의 개념 차이
- 대학 동아리에 대한 자기태도
- 대학 동아리 이해
- 개인별 대학 동아리 계획
- 대학 동아리 활동의 장단점
- 모임, 동아리, 동호회, 단체, 조직의 사전적 정의

학습 목표

1. '모임, 동아리, 동호회, 단체, 조직'을 개념적으로 변별할 수 있다.
2. '자신의 대학 동아리에 대한 태도'를 기술할 수 있다.
3. '대학 동아리'를 개념정의할 수 있다.
4. '자신의 대학 동아리 계획'을 기술할 수 있다.
5. '대학 동아리 활동의 장단점'을 기술할 수 있다.

진행 순서

1. 도입 활동

1-1. 단위회기 활동목표, 진행과정을 안내한다.
1-2. 30초 테스트를 실시한다.
1-3. 4인 1조로 조를 편성한다.

2. 본 활동

2-1. 모임, 동아리, 동호회, 단체, 조직의 개념 차이에 대해 조별토의를 한다.
2-2. 모임, 동아리, 동호회, 단체, 조직의 개념 차이를 설명한다.
2-3. 대학 동아리에 대한 개인태도를 점검한다.
2-4. 대학 동아리 개념, 특성을 설명한다.
2-5. 개인별 대학 동아리 계획을 점검 및 수립한다.
2-6. 대학 동아리 활동의 장단점을 설명한다.

3. 마무리 활동

3-1. 단위회기 진행과정을 요약한다.
3-2. 단위회기 진행과정에 대한 질의응답을 한다.
3-3. 다음 회기 주제를 안내한다. 그리고 종료한다.

학습 자료

자료18-1. 30초 테스트
자료18-2. 모임, 동아리, 동호회, 단체, 조직의 개념 차이
자료18-3. 대학 동아리에 대한 자기태도
자료18-4. 대학 동아리 이해
자료18-5. 개인별 대학 동아리 계획
자료18-6. 대학 동아리 활동의 장단점
자료18-7. 모임, 동아리, 동호회, 단체, 조직의 사전적 정의

내가 알고 있는
우리 대학의 동아리 이름을 모두 쓰기

모임, 동아리, 동호회, 단체, 조직의 개념 차이

대학 동아리에 대한 자기태도

1. 대학 동아리에 대해 연상하면, 나는 ____________ 등이 연상된다.

2. 대학 동아리 활동을 하는 것에 대해 나는 전반적으로 ____________ 생각하고 있다.

____________ 긍정적으로

____________ 부정적으로

____________ 중립적으로

3. 나의 대학 동아리에 대한 지식을 또래들과 비교하면 ____________ 이다.

____________ 지식이 많다.

____________ 지식이 적다.

____________ 지식이 중간이다.

4. 내가 관심이나 흥미가 있고, 가치 있게 생각하는 대학 동아리 이름이나 유형은 ______ 이다.

5. 내가 관심이나 흥미가 없고, 무가치하게 생각하는 대학 동아리 이름이나 유형은 ______ 이다.

6. 내가 가입하거나 가입하려고 하는 대학 동아리 이름이나 유형은 ______ 이다.

대학 동아리 이해

?

1. 정의

대학 동아리란 '공통의 목적과 관심사에 의해 형성 및 운영되는 대학 내 학생 자치활동 단체'이다.

2. 특징

- 대학 내, 대학생 자치활동에 소속된 단체
- 대학생 자치활동 단체
- 동일 목적 지향 또는 동일 관심사 추구

3. 유형

- 인준 : 공식 동아리(또는 인준 동아리), 비공식 동아리(비인준 동아리)
- 영역 : 학교 동아리, 지역 동아리, 전국 동아리
- 내용 : 학문 동아리, 취미 동아리, 종교 동아리, 문화예술 동아리, 스포츠 동아리, 봉사 동아리 등

4. 기타

개인별 **대학 동아리 계획**

대학 동아리 활동의 장단점

1. 장점

첫째, 개인적 관심사 추구와 성장 경험의 기회를 제공한다.

둘째, 인간관계 형성, 유지, 발전의 경로가 된다.

셋째, 대학 적응에 도움을 준다.

2. 단점

첫째, 전공 공부나 진로 준비를 소홀히 할 수 있다.

둘째, 역기능적 요소가 개인을 힘들게 할 수도 있다.

셋째, 예상 밖의 경제적 지출을 요구한다.

넷째, 드물지만 부적응을 유발할 수도 있다.

3. 기타

모임, 동아리, 동호회, 단체, 조직의 사전적 정의(국립국어원, 2018)

?

모임이란?

어떤 목적 아래 여러 사람이 모이는 일

동아리란?

같은 뜻을 가지고 모여서 한패를 이룬 무리

동호회란?

같은 취미를 가지고 함께 즐기는 사람의 모임

단체란?

같은 목적을 달성하기 위하여 모인 사람들의 일정한 조직체

조직이란?

특정한 목적을 달성하기 위하여 여러 개체나 요소를 모아서 체계 있는 집단을 이룸. 또는 그 집단

MEMO

제19장

대학생활과 가치

- 1분 소원 TEST
- 대학생 가치변화 추이
- 가치 개념정의
- 사실과 평가 변별
- 개인 내, 개인 간, 집단 간의 가치갈등 인식
- 가치갈등 사례 토의

학습 목표

1. '대학생 가치교육 필요성'을 기술할 수 있다.
2. '가치'를 개념정의할 수 있다.
3. '사실과 평가'를 변별할 수 있다.
4. '개인 내, 개인 간, 집단 간 가치갈등'을 변별할 수 있다.

진행 순서

1. 도입 활동

1-1. 단위회기 활동목표, 진행과정을 안내한다.
1-2. 4인 1조로 조를 편성한다.
1-3. 1분 소원 TEST를 실시한다.

2. 본 활동

2-1. 대학생 가치변화 추이에 대해 설명한다.
2-2. 대학생 가치교육 필요성에 대해 설명한다.
2-3. 가치의 개념에 대해 설명한다.
2-4. 사실과 평가의 차이에 대해 설명한다.
2-5. 개인 내, 개인 간, 집단 간 가치 갈등에 대해 설명한다.
2-6. 가치 갈등 사례를 예시하고, 사례 토의를 하게 한다.

3. 마무리 활동

3-1. 단위회기 진행과정을 요약한다.
3-2. 단위회기 진행과정에 대한 질의응답을 한다.
3-3. 다음 회기 주제를 안내한다. 그리고 종료한다.

학습 자료

자료19-1. 1분 소원 TEST
자료19-2. 대학생 가치변화 추이
자료19-3. 가치 개념정의
자료19-4. 사실과 평가 변별
자료19-5. 개인 내, 개인 간, 집단 간의 가치갈등 인식
자료19-6. 가치갈등 사례 토의

1분 소원 TEST

다섯 가지 소원

만약, 신이 존재하고, 그 신이 당신에게 '다섯 가지 소원을 말해라. 그러면 우선순위에 따라 하나를 들어줄 수도 있고 다섯 개 모두를 들어 줄 수도 있다'라고 했다고 가정을 합니다.

당신의 다섯 가지 소원과 그 우선순위

자신이 정말 소중하고 값어치 있게 여기는 것들

대학생 가치변화 추이(손동현, 홍경남, 백송이, 2013)

1960년~2000년의 가치	2000년~2013년의 가치	2013년~현재의 가치
정신적 높은 이상 추구	현실적 문제해결 추구	
집단주의	개인주의	
권위주의	탈권위주의	
미래 중요시 함	현재 중요시 함	
단순한 생활방식 인정	다양한 생활방식 인정	
물질주의	물질주의 벗어남	

가치 개념정의

가치(價値)란 무엇인가?

가치(價値)의 사전적 정의 (국립국어원, 2018)

1. 사물이 지니고 있는 쓸모
2. 대상이 인간과의 관계에 의하여 지니게 되는 중요성
3. 인간의 욕구나 관심의 대상 또는 목표가 되는 진, 선, 미 따위를 통틀어 이르는 말

가치 개념정의

경험적 대상에 대한 값어치 인식,

그리고 값어치 있다고 인식하여 얻고자 추구하는 경험적 대상

사실과 평가 변별

[사례1] ○○학교는 대구시에 있다.	• ○○학교가 대구시에 있는 것은 좋다(또는 나쁘다).
[사례2] 나는 체중이 75Kg이다.	• 나는 체중이 75Kg이고, 키는 160Cm이다. • 나는 과체중이다. • 나는 뚱뚱하다. • 나는 뚱뚱해서 부끄럽다. • 나는 뚱뚱하고 못난 사람이다.
[사례3] 서울에 한강이 있다.	• 서울에 있는 한강은 깨끗하다(또는 더럽다). • 서울에 있는 한강은 아름답다(또는 추하다).
[사례4] 슈퍼에서 담배를 판매한다.	• A슈퍼에서 담배를 판매한다. 그러나 B슈퍼에서는 담배를 판매 안 한다. • 슈퍼에서 담배를 판매하는 것은 바람직하지 않다(또는 바람직하다).
[사례5] 여자가 치마를 입었다.	• 여자가 빨간색 치마를 입었다. • 여자가 빨간색 치마를 입으면 아름답다(또는 아름답지 않다). • 여자가 빨간색 치마를 입는 것은 바람직하다(또는 바람직하지 않다). • 남자가 치마를 입었다. • 남자가 치마를 입으면 추하다(또는 추하지 않다). • 남자가 치마를 입는 것은 바람직하지 않다(또는 바람직하다).

개인 내, 개인 간, 집단 간의 가치갈등 인식

1. 개인 내, 가치갈등 인식

개인 내, 가치 대립으로 갈등을 겪었던 일을 회상하여 서로 나누어 봅시다.

[예] 미팅에서 A이성도 마음에 들고, B이성도 마음에 들어서 고민을 함
[예] 진로를 공무원으로 해야 할지, 아니면 일반회사 취업으로 해야 할지 갈등 중임

2. 개인 간, 가치갈등 인식

개인 간, 가치 차이로 인해 갈등을 겪었던 일을 회상하여 서로 나누어 봅시다.

[예] 부모님은 내가 컴퓨터 게임하는 것을 싫어해서 자주 다툼
[예] 나는 인스턴트 음식을 좋아하는 데, 엄마는 못 먹게 해서 종종 다툼

3. 집단 간, 가치갈등 인식

집단 간, 가치 차이로 인해 갈등을 겪었던 일을 회상하여 서로 나누어 봅시다.

[예] A지역 공항 이전을 놓고 찬성집단과 반대집단 간에 대립을 함
[예] 선거에서 A당 지지자와 D당 지지자 간에 대립을 함

가치갈등 사례 토의

[사례1]
개인이 소 사육 축사를 운영하면서, 이웃에 있는 대학에 심한 악취를 풍김. 이로 인해 갈등 발생함

- **가치 다양성, 차이, 대립 : 갈등 속에 어떤 가치 다양성, 차이, 대립들이 있는가?**
  개인가치와 집단가치(또는 사회가치, 공적가치) 간의 대립이 있음. 구체적으로 개인의 사적 이익추구, 개인행동의 자유, 그리고 자기행동 책임과 의무, 타인과 이웃에게 상호무해나 상호유익 등과 관련된 가치 다양성, 차이, 그리고 대립이 있음
- **해결방안 토의 : 가치문제를 해결할 수 있는 방안들은 무엇인가?**
  운영자가 축사의 악취 제거나 감소 안을 마련해서 시행하고, 학교에서는 소정의 경비를 일정기간 동안 지원함. 또는 운영자가 축사를 이전하고, 학교에서는 이전 관련 지원을 해 줌. 또는 학교가 학교 주변 축사 허가 취소 소송을 제기함
- **가치 우선순위 토의 : 해결방안 수립할 때 가치 우선순위를 어떻게 정립할 것인가?**
  – 개인가치 보다 공적가치 우선하기
  – 행동자유 가치와 함께 행동책임과 의무 가치도 고려하기
  – 상호유해 가치보다는 상호무해나 상호유익 가치 우선하기
  – 상호 갈등무시와 회피, 그리고 상호 공격적 갈등해결 가치보다는 상호 논의, 합의와 계약, 이행 등의 민주적 갈등해결 가치 우선하기

[사례2]
○○강 상류 공장에서 발암물질 함유된 오폐수를 10년 이상 배출함.
이로 인해 인근 ○○지역 식수원이 오염됨

- **가치 다양성, 차이, 대립 : 갈등 속에 어떤 가치 다양성, 차이, 대립들이 있는가?**
- **해결방안 토의 : 가치문제를 해결할 수 있는 방안들은 무엇인가?**
- **가치 우선순위 토의 : 해결방안 수립할 때 가치 우선순위를 어떻게 정립할 것인가?**

[사례3]
동성애 결혼을 법적으로 허용하자는 헌법소원을 제기함.
이와 관련해서 찬성과 반대집단 간에 갈등이 발생함

- 가치 다양성, 차이, 대립 : 갈등 속에 어떤 가치 다양성, 차이, 대립들이 있는가?
- 해결방안 토의 : 가치문제를 해결할 수 있는 방안들은 무엇인가?
- 가치 우선순위 도의 : 해결방안 수립할 때 가치 우선순위를 어떻게 정립할 것인가?

[사례4]
원자력 발전 유지와 중단과 관련된 찬성과 반대집단 간에 갈등이 발생함

- 가치 다양성, 차이, 대립 : 갈등 속에 어떤 가치 다양성, 차이, 대립들이 있는가?
- 해결방안 토의 : 가치문제를 해결할 수 있는 방안들은 무엇인가?
- 가치 우선순위 토의 : 해결방안 수립할 때 가치 우선순위를 어떻게 정립할 것인가?

MEMO

제20장

평가 및 마무리

• 나의 수강 평가 질문지

학습 목표	1. 자신의 학습결과, 그리고 성취내용 기술할 수 있다. 2. 자신의 학습 성취내용과 관련된 성취행동을 기술할 수 있다.
진행 순서	**1. 도입 활동** 1-1. 단위회기 활동목표, 진행과정을 안내한다. 1-2. 수업 전체과정을 요약한다. 1-3. 수강과정을 회상하고 나눈다. **2. 본 활동** 2-1. 나의 수강 평가 질문지를 작성한다. 2-2. 전체적인 수강 평가 및 소감을 나눈다. **3. 마무리 활동** 3-1. 단위회기 진행과정을 요약한다. 3-2. 질의응답을 한다. 3-3. 종강을 선언한다. 그리고 종강한다.
학습 자료	자료20-1. 나의 수강 평가 질문지

나의 **수강 평가 질문지**

1. 기억나는 일들 (수강신청부터 현재까지 수업과정에서 기억나는 일들)

____

____

2. 수강 평가

2-1. 수강 관련 자신의 기대나 목표를 성취 하였습니까?

_________ 성취 못했다.

_________ 성취 못한 편이다.

_________ 중간이다.

_________ 성취한 편이다.

_________ 성취 했다.

2-2. 수강을 통해 얻거나 성취한 것이 있다면, 구체적으로 무엇입니까? 그리고 얻지 못하거나 성취하지 못한 것이 있다면, 구체적으로 무엇입니다.

____

____

2-3. 수강에서 아쉬운 점, 반성되는 점, 앞으로의 다짐이 있다면 무엇입니까?

____

____

2-4. 종강에 즈음하여, 동료 학생이나 교수에게 하고 싶은 말이 있다면, 무엇입니까?

____

____

자료 20-1

참고문헌

강나경 (2012). 생활예절과 이미지 메이킹. 서울: 공동체.

계명대학교 교수학습개발센터 (2017). e-러닝포트폴리오 이용방법 안내 자료. 계명대학교.

계명대학교 성과관리센터 (2017). K-STAR 인증제 이용자 교육자료. 계명대학교.

계명대학교 성과관리센터 (2018). COMpass K 프로그램 상세안내 자료. 계명대학교.

고경봉 (2002). 스트레스와 정신신체의학. 서울: 일조각.

고기홍 (2014). 개인상담. 서울: 학지사.

고용노동부 (2017. 4. 27.). 국가직무능력표준. 검색일 2018. 08. 21., http://www.moel.go.kr.

공마리아, 강윤주 (2012). 대학생의 대학생활 스트레스가 정신건강에 미치는 영향. 재활심리연구, 19(1), 1-22.

교육부 (2015. 9. 21.). 전국 153개 대학 휴학·자퇴 현황. 검색일 2018. 08. 26., http://www.moe.go.kr.

국립국어원 (2018.10.16. 수정). 표준국어대사전. 검색일 2018. 10. 20., http://stdweb2.korean.go.kr/main.jsp.

권석만 (2017). 젊은이를 위한 인간관계의 심리학 제3판. 서울: 학지사.

권창미, 송창백 (2016). 대학생의 자기계발을 위한 대학생활과 진로탐색. 서울: 학지사.

김계현, 김동일, 김봉환, 김창대, 김혜숙, 남상인, 천성문 (2009). 학교상담과 생활지도 제2판. 서울: 학지사.

김동임 (2017). 대학생의 생활스트레스가 정신건강에 미치는 영향: 스트레스 대처, 마음챙김, 사회적지지의 매개효과. 박사학위논문, 원광대학교.

김범준 (2011). 대학생의 행복에 영향을 미치는 행복·불행 관련 사건들에 관한 연구. 한국심리학회지: 사회 및 성격, 25(1), 115-135.

김봉환, 강은희, 공윤정, 김영빈, 김희수, 선혜연, 손은령, 송재홍, 유현실, 이제경, 임은미, 황매향 (2013). 진로상담. 서울: 학지사.

김인기 (2011). 진로탐색과 경력관리. 서울: 양서원.

김정엽 (2008). 대학 신입생의 대학생활적응과 우울과의 관계. 청소년복지연구, 10(4), 243-263.

김종운 (2017). 인간관계 심리학 제2판. 서울: 학지사.

김중동, 박찬정 (2010). 유전 알고리즘을 이용한 대학생 시간관리 기법. 한국정보과학회 학술발표논문집, 37(2C), 282-287.

김찬석 (2018). 취업을 위한 자기 PR: 1주차 2교시 무엇을 PR할 것인가?. 검색일 2018. 10. 27., http://hive.cju.ac.kr/portal/issue/issue.read2.popup?SC_CC1_CODE=&SC_CC2_CODE=&SC_WORD=&PAGE=1&IM_CODE=58b4cec545645.

김희수 (2017). 대학생을 위한 진로교육 지침서 자기이해와 진로탐색. 서울: 학지사.

나무위키 (2018. 10. 09). 학과. 검색일 2018. 10. 27., https://namu.wiki/w/%ED%95%99%EA%B3%BC.

뉴스다임 (2014. 02. 28). 대학생 시간허비, 1위 귀차니즘, 2위 스마트폰. 검색일 2018. 10. 27., http://m.newsdigm.com/5152

박동혁, 이민규, 신희천 (2006). 대학생 시간관리 행동 척도의 개발과 타당화. 한국심리학회지: 상담 및 치료, 18(4), 801-816.

박선주, 박수정 (2016). 대학 신입생의 대학생활적응 유형과 학업계획의 차이. 교육행정학연구, 34(2), 75-95.

손동현, 홍경남, 백송이 (2013). 한국 대학생의 가치관 변화에 관한 조사 연구. 한국교양기초교육원.

송병일, 박영주 (2005). 직업진로설계와 취업전략. 서울: 학지사.

송원영 (2009). 커리어 포트폴리오를 통한 대학생의 진로 설계. 서울: 학지사.

신길자 (2015. 1. 19). 취업 한 번에 합격하는 면접공략법! 1분 자기소개편. 검색일 2018. 10. 27., https://www.youtube.com/watch?v=lf-wDL407hc.

염민호 (2015). 대학 신입생을 위한 교육 프로그램 개발 모형의 고안. 교육행정학 연구, 33(4), 359-388.

오성환, 김금수 (2002). 직장예절. 서울: 형실출판사.

오영재 (2006). 대학 신입생들의 대학생활경험에 대한 분석 연구. 교육문제연구, 25, 141-164.

유민임 (2013). 대학생을 위한 인성·예절교육. 서울: 창지사.

유채은, 조규판 (2017). 진로와 자기계발. 서울: 학지사.

윤명희, 이정희, 서희정, 강창환 (2018). 전공탐색과 생애설계. 서울: 학지사.

윤용옥, 김외숙 (2007). 대학생의 시간 관리 : 관련 변수 및 생활만족도와의 관계. 한국가정관리학회지, 25(6), 71-82.

이민규 (2001). 현대생활의 적응과 정신건강. 서울: 교육과학사.

이상렬 (2013). 최신 정보검색론: 학술정보검색의 이론과 실제. 서울: 에듀컨텐츠휴피아.

이순덕, 이미아 (2012). 대학생의 배경변인에 따른 대학생활 적응연구. 남부대학교 논문집, 12, 107-155.

이용구 (2009). 대학생을 위한 진로지도. 서울: 신광문화사.

이윤주 (2011). 행복해지기 위한 대학생의 노력. 아시아교육연구, 12(2), 63-84.

이재희, 김경진, 이상익, 권은주, 김정일 (2015). 직업윤리. 경기 파주: 양성원.

이주희, 박희현, 박은민 (2012). 인성함양. 서울: 공동체.

임낭연, 이화령, 서은국 (2010). 한국에서의 Diener의 삶의 만족 척도 사용 연구 개관. 한국심리학회지: 일반, 29(1), 21-47.

임은미 (2011). 대학생의 진로결정 과정과 개입요인 탐색. 상담학연구, 12(2), 447-466.

임영진 (2010). 성격 강점과 긍정 심리치료가 행복에 미치는 영향. 박사학위논문, 서울대학교.

전도근 (2017). 청소년을 위한 진로교육과 진로상담. 서울: 학지사.

장계영, 김봉환 (2011). 대학생 진로적응성 척도 개발. 상담학연구, 1(2), 539-558.

정선영 (2013). 대학생을 위한 진로탐색과 경력개발 프로그램 워크북. 서울: 학지사.

정성란, 고기홍, 김정희, 권경인, 이윤주, 이지연, 천성문 (2018). 집단상담. 서울: 학지사.

정현진 (2015). 미래 유망 직업 및 인기 직업 고용전망, 교육개발, 42(3), 75-80.

조선연, 문미란, 송선희 (2012). 진로솔루션워크북. 서울: 학지사.

조인주, 도향선, 구형선 (2015). 대학생의 생활스트레스가 정신건강에 미치는 영향: 자아존중감과 신체활동의 매개효과를 중심으로. 사회과학연구, 31(1), 85-105.

중대 신문 (2014. 09. 01). 당신의 학과생활은 어땠습니까?. 검색일 2018. 10. 27., http://news.cauon.net/news/articleView.html?idxno=24226.

천성문, 김미옥, 함경애, 박명숙, 문애경 (2017). 대학생을 위한 진로코칭. 서울: 학지사.

최인선 (2016). 대학생활적응이 진로준비행동에 미치는 영향 : 셀프리더십과 사회적 지지의 매개효과. 박사학위논문, 호서대학교.

최정윤 (2016). 심리검사의 이해. 서울: 시그마프레스.

추병완 (2000). 인성교육의 목적과 기본원리. 학교경영, 13, 28-33.

통계청 (2018. 8. 12.). 경제활동인구 총괄. 검색일 2018. 10. 20., http://www.kostat.go.kr.

하정, 홍지영 (2013). 대학생의 진로준비행동과 진로결정 수준간의 관계에서 진로결정몰입의 매개효과. 아시아교육연구, 14(1), 353-374.

하준호 (2017. 4. 12.). 새춘기를 앓는 대학 1학년생들. 검색일 2018. 10. 27., http://news.joins.com/article/21464902.

한국고용정보원 (2014). 대학교수용 학생 진로지도 가이드. 서울: 한국고용정보원.

한국고용정보원 (2015). 대학생을 위한 취업교육 진로계획 수립과 노동시장의 이해. 서울: 진한M&B.

한국문헌정보학회 (2013). 최신 문헌정보학의 이해. 서울: 한국도서관협회.

한주리, 남궁은정 (2008). 커뮤니케이션 능력 및 의사소통의 양과 질에 따른 대학생의 스트레스와 스트레스 대처의 차이. 아동학회지, 29(1), 325–337.

한희원, 이희원 (2013). 시간관리 전략 프로그램이 대학생의 학업적 자기효능감과 자아존중감에 미치는 영향과 지속성 분석, 열린교육연구, 21(3), 153–178.

헤럴드경제 (2017. 4. 18). 입시보다 취업 스트레스? 학교생활 스트레스 중고생 보다 대학생. 검색일 2018. 8. 15., http://news.heraldcorp.com/view.php?ud=20170418000548.

황매향, 김연진, 이승구, 전방연 (2011). 진로탐색과 생애설계. 서울: 학지사.

Bennett, G. K., Seashore, H. G., & Wesman, A. G. (1947). *The Differential Aptitude Tests.* New York: Psychological Corporation.

Baker, R. W., & Siryk, B. (1984). Measuring adjustment to college. *Journal of Counseling Psychology*, *31*(2), 179–189.

Csikszentmihalyi, M. (1990). *Flow: The psychology of optimal experience.* New York: Harper and Row.

Datu, J. A. D. (2012). Drawing predictive determinants of college adjustment: perspectives from two private sectarian collegiate institutions. *Journal of Arts, Science and Commerce, 3,* 16–24.

Gelatt, H. B. (1962). Decision–making: A conceptual frame of reference for counseling. *Journal of Counseling Psychology, 9*(3), 240.

Herren, V. A. (1984). *Assessment of career decision making.* Los Angeles: Western Psychological Services.

KBS뉴스 (2011. 4. 26). 국내 대학생 공부 안하고 수업시간 수동적. 검색일 2018. 10. 27., http://mn.kbs.co.kr/news/view.do?ncd=2281727.

Keyes, C. L. M. (1998). Social well–being. *Social Psychology Quarterly, 61*(2), 121–140.

Kiessler, D. J. (1996). *Contemporary interpersonal theory and research: Personality, psychopathology and psychotherapy*. New York : John Wiley & Sons, Inc.

Lyubomirsky, S. (2008). 행복도 연습이 필요하다[How to be happy]. (오혜경 역). 서울: 지식노마드(원전은 2007년에 출판).

Macan, T., Shahani, C., Dipboye, R., & Philips, A. (1990). College students' time management : Correlations with academic performance and stress. *Journal of Educational Psychology, 82*(4), 760–768.

Rounds, J. B. Jr, Hanly, G. A., Dawis, R. V., Lofguist, L. H., & Weiss, D. J. (1981). *Manual for the Minnesota Importance Questionnaire: A measure of vocational needs and values*. Minneapolis: University of Minnesota, Department of Psychology.

Ryff, C. D. (1989). Happiness is everything, or is it? Explorations on the meaning of psychological well-being. *Journal of Personality and Social Psychology, 57*(6), 1069–1081.

Schwab, K. (2016). 클라우스 슈밥의 제4차 산업혁명. (손경진 역). 서울: 새로운 현재.

Seligman, M. E. P. (2009). 마틴 셀리그만의 긍정심리학[Authentic Happiness: Using the New Positive Psychology to Realize Your Potential for Lasting Fulfillment]. (김인자 역). 서울: 물푸레(원전은 2004년에 출판).

Super, D. E. (1970). *Manual for the Work Value Inventory*. Boston: Houghton–Mifflin.

Super, D. E., & Knasel, E. G. (1981). Career development in adulthood: Some theoretical problems and a possible solution. *British Journal of Guidance and Counselling, 9*(2), 194–201.

たなか しょうぞう (2011). 상대방을 확 사로잡는 자기소개의 규칙[Mataaitai! To Omowareru Jiloshokai No Ruru]. (박주영 역). 서울: 아라크네(원전은 2000에 출판).

집필진 소개

고기홍

- 동아대학교 교육학 박사(교육상담 전공)
- 현 계명대학교 Tabula Rasa College 조교수
- 전 제주도청소년종합상담센터 국장 및 부장
- 전 서귀포시청소년상담실 실장
- 전 제주대학교, 제주교육대학교, 제주한라전문대학 강사
- 한국상담학회 1급 전문상담사
- 문화관광부 1급 청소년상담사
- 미국NLP협회 NLP 트레이너

정현희

- 뉴저지주립대학교 심리학 박사(학교심리학 전공)
- 현 계명대학교 사범대학 교육학과 교수
- 전 삼성생명공익재단 사회정신건강연구소 선임연구원
- 전 Norwood Public School, School Psychologist
- 전 서울대학교병원 소아정신과 임상심리사
- 한국상담심리학회 1급 상담심리사
- 한국상담학회 1급 전문상담사
- 보건복지부 1급 정신보건임상심리사
- 한국인지행동치료학회 인지행동치료 전문가

손은정

- 이화여자대학교 심리학 박사(상담심리학 전공)
- 현 계명대학교 심리학과 부교수
- 전 백석대학교 교육대학원 전임강사
- 전 이화여자대학교 심리학과 전임강사
- 한국상담심리학회 1급 상담심리사
- 문화관광부 1급 청소년상담사

조명실

- 성균관대학교 가정학 박사(아동학 전공)
- 현 계명대학교 Tabula Rasa College 조교수
- 전 순천향대학교 학생상담센터 상담원
- 전 충청남도청소년종합상담센터 상담원
- 한국상담학회 1급 전문상담사